TURKISH

Your Next Language

Written by

Illustrated by

Contents

About me

I was born in Turkey in a city called Hatay in Samandağ. I came to England in 2003 to study English. In 2005, I started to work at Leeds Metropolitan University as a Turkish teacher where I met so many wonderful and enthusiastic students. They motivated me to learn and teach more and more and to work towards my ambition of becoming a fully qualified teacher. So, as well as my teaching career and having a family with two wonderful children, I also did a degree at Leeds University and gained my teaching qualifications. I am now a school teacher in a fantastic primary school in Leeds as well as being a Turkish language teacher.

Having been a teacher for almost 20 years, I have always wanted to write a book on the subject of the Turkish Language. This has been such an incredible opportunity that has enabled me to share my knowledge with the people who would like to learn this unique language.

Yasemen Dervish

About the book

The vocabulary I have chosen is generally for beginners and intermediate level learners of the Turkish Language.

The book is organised into four main sections

• The first part explains what the unit is about.

UNIT 21: SIMPLE PAST TENSE POSITIVE
Geçmiş zaman olumlu-di
I came to the school. Ben okula geldim.

• The second part is about the rules that need to be used for that unit.

> **These are the rules to follow**
>
> • **Subject   verb+di +** personal ending.
>   Özne   fiil+di+kişilik eki
>
> • **Follow the vowel harmony rule!**
>   a-ı: dı   e-i: di
>   o-u: du   ö-ü: dü
>
> • **Remember Charlie's Rule**

• The third part gives a vast number of examples.

Examples / Örnekler

Conjugating the verb - think / - düşün

Ben düşün**düm**   I thought

Sen düşün**dün**   You thought

The fourth part is titled "Your Turn" where you can check your learning and understanding about particular grammatical points.

Conjugate the verbs given below for all the personal pronouns.

Ben **gel+di+m**   Ben geldim   I came.

Sen **kal+dı+n**   Sen kaldın   You stayed.

After each subject, there are exercises to help you have more in-depth knowledge about the topic given previously and you can always check your answers by looking at the answer keys that are at the end of the book.

I hope you enjoy reading this book

Special Thanks

First and foremost, I would like to thank everyone who has helped me in this exciting journey. On a personal note, I would also like to express my immense gratitude to my husband Bertan, daughter Gunesh, son Gunay, mother, father, my sisters Eda and Seda, my cousins, Ayla, Ece and Anıl, my extended family and my wonderful friends for all their unconditional support all through my research for creating and designing this book. I have certainly learned a lot about myself throughout this process.

I would also like to thank my mother-in-law, Emel for helping me with the title of the book and for listening to me endlessly when I was talking about the book.

I would like to offer many thanks to my wonderful students Tom, Juliet, Sheila, Duncan, Beverly, Selin, Sue and Sean for participating in my lessons, teaching me how to teach and allowing me to see that reaching my potential is possible through writing this book.

My deepest appreciation goes to Tom who has always been there for me, intrinsically motivating me and boosting my confidence to write this book. Thank you, Tom, for checking, editing and proof reading my work and always pointing me in the right direction with your valuable feedback.

I would also like to say a massive thank you to Evin Ozalp Sahin who has illustrated the book. Thank you Evin, for your dedication, talent, patience and professionalism and for the great opportunity to work with you.

I would like to thank everyone who helped me make this possible and successful.

Last, but certainly not least, I would thank my parents for sending me to school.

Anneciğim ve Babacığım çok teşekkür ederim.

Yasemen Dervish

UNIT 1: ALPHABET/ Alfabe

The Turkish language (Türkçe) is the official language of Turkey and the Turkish Republic of Northern Cyprus. It is more or less an entirely phonetic language. This means that it is spoken the way it is written, and it is written the way that is spoken. In 1928, Mustafa Kemal Atatürk (the founder of Turkey) introduced the Latin alphabet.

The letters q,w and x do not exist in the Turkish language; instead, seven peculiar characters (**Ç, Ğ, I, İ, Ö, Ş and Ü**) were adapted into the alphabet for the phonetic requirements of the language. Therefore, the modern Turkish alphabet has 29 letters; twenty-one of them are consonants and eight of them (**a,e,ı,i,o,ö,u,ü**) are vowels.

Pronunciation of the letters

Aa: a as in car

Bb: b as in bed

Cc: j as in jam

Çç: ch as in chat

Dd: d as in date

Ee: e as in let

Ff: f as in fed

Gg: g as in gate

Ğğ: soft g or y:

Aa: a as in car

Bb: b as in bed

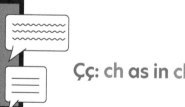

Çç: ch as in chat

If the vowel before ğ is a/ı/o/u: lengthen the prior vowel: yağmur (yaamur)

if the vowel before ğ is e/i/ö/ü: pronounce it as y: değil (deyil)

STRAWBERRY JAM

Hh: h as in hat

Iı: i as in cousin

İi: I as in pin

Jj: ge as in rouge

Kk: k as in kit

Ll: l as in let

Mm: m as in mum

Nn: n as in not

Oo: o as in offer

Öö: ur as in urge

Pp: p as in peg

Rr: r as in ring

Ss: s as in set

Şş: sh as in shut

Tt: t as in tape

Uu: u as in push

Üü: ew as in chew

Vv: w as in wet

Yy: y as in yet

Hh: h as in hat

İi: i as in pin

Jj: ge as in rouge

Pp: p as in peg

Rr: r as in ring

Vv: w as in wet

One letter one word - bir harf bir kelime

A: Araba — Car

B: Bardak — Glass

C: Cüzdan — Purse

Ç: Çiçek — Flower

D: Dudak — Lip

E: Elma — Apple

F: Fare — Mouse

G: Gemi — Boat

Ğ: Yağmur — Rain

H: Halı — Carpet

I: Işık — Light

İ: İp — String

J: Jüri — Jury

K: Kitap — Book

L: Lise — High school

M: Mum — Candle

N: Nane — Mint

C: Cüzdan - Purse

Ç: Çiçek - Flower

D: Dudak - Lip

E: Elma - Apple

F: Fare - Mouse

I: Işık - Light

Ö:	Ördek	Duck
P:	Papatya	Daisy
R:	Rüzgar	Wind
S:	Saat	Watch/Clock
Ş:	Şişe	Bottle
T:	Tavuk	Chicken
U:	Uçak	Aeroplane
Ü:	Üç	Three
V:	Valiz	Suitcase
Y:	Yeşil	Green
Z:	Zarf	Envelope

Ö: Ördek - Duck

P: Papatya - Daisy

S: Saat - Watch / Clock

Ü: Üç - Three

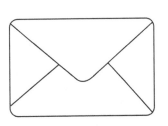

UNIT 2: G⊙LDEN RULES IN TURKISH

1. Sentence order in English is subject + verb + object whereas in Turkish

   SUBJECT + OBJECT + VERB

2. **In Turkish, every letter is important, therefore make sure you pronounce each letter.**

3. The **question suffixes** mı / mi / mu / mü are always written **separately**.

4. The word şey (thing) is always written **separately**.

   EXAMPLES: Her şey (everything), çok şey (many things),
   hiçbir şey (nothing), herhangi bir şey (something).

5. Negation in verbs in any tense is achieved through the use of the suffix -me or -ma. However, for **present continuous tense**, vowels a and e in -ma and -me change into the vowels ı,u or i,ü through the Vowel Harmony so the words can sound smoother.

6. The Vowel Harmony rule is very important and most of the time this is the rule to follow

   If the last vowel of a word is: For the suffixes such as -da/de or maz/mez

   "a/ı" → use the "ı" ending.   "a/ı/o/u"→ da/maz

   "e/i" → use the "i" ending.   "e/i/ö/ü" → de/mez

   "o/u" → use the "u" ending.

   "ö/ü" → use the "ü" ending.

   The last vowel of the word must agree with the vowel of the suffix according to Vowel Harmony Rules.

7. The **tense suffix** is always added **right after the verb stem** if the verb is **positive**, or **after the negating suffix** if the verb is **negative**.

Example/Örnek

oku: verb root for read

yor: Present continuous tense suffix

um: personal ending for I

Okumuyorum: I am not reading

As you can see in the above example the tense suffix -yor is added after the negative suffix -mu

8. The Turkish language is a highly "agglutinative language" which means that the suffixes are always glued to the words (verbs, nouns, adjectives).

Oda	Room
Odalar	Rooms
Odam	My room
Odamda	In my room
Odama	To my room
Odan	Your room
Odamız	Our room
Odamızdan	From our room
Odamızda	In our room
Odamızdayım	I am in our room.
Odamızdaydım	I was in our room

9. Similar to English, the Turkish Language also has the infinitive "to" (eki "mak"/"mek"). The infinitive "to" (-mak -mek) in Turkish is used to form the basic version of the verb by adding it to verb root.

To swim: yüz**mek**

When the verb needs a tense suffix or a personal ending, it is important to remember to use the verb root by removing the infinitives -mak or mek, so that the verb can be formed into the desired formation.

UNIT 3: DAILY PHRASES AND WORDS - Günlük Kelimeler

Here are some basic and common Turkish words and phrases that people use every day. They are useful phrases that will also help you to expand your knowledge of Turkish.

Hello: Merhaba

Goodbye: Hoşçakal

How are you? Nasılsın?

I am fine: Ben iyiyim.

Yes: Evet

No: Hayır

Sorry: Pardon

A bit: Biraz

A lot: Çok

How much?: Ne kadar?

What: Ne

Who: Kim

Which: Hangi

Which one: Hangisi

Why: Neden

Because: Çünkü

But: Ama

Or: Veya

Yesterday: Dün

Today: Bugün

How is the weather?
Hava nasıl?

It is sunny today:
Bugün hava güneşli.

Health to your hands
(after a person cooks a meal): Ellerine sağlık

What is your name?
Adın ne?

My name is: Benim adım

What are you doing?
Ne yapıyorsun?

Nothing: Hiçbir şey

Everthing: Her şey

See you later:
Sonra görüşürüz

What time is it?: Saat kaç?

It is three o'clock: Saat üç

I can't understand:
Anlamadım

I understood: Anladım

Please: Lütfen

Talk slowly: Yavaş konuş

What does it mean?
Bunun anlamı ne?

Do you know English?
İngilizce biliyor musun?

I don't know: Bilmiyorum

Good night: İyi geceler

Help: Yardım edin

Do you need help?
Yardıma ihtiyacınız var mı?

I don't feel well: İyi hissetmiyorum

I am hungry: Acıktım

I am full: Tokum

I am thirsty: Susadım

What is this?: Bu nedir?

Do you want: İster misin?

Would you like: Ne istersiniz?

I would like: İsterim

I am sorry: Özür dilerim

I have no idea: Hiçbir fikrim yok

I have an idea: Bir fikrim var

My age is: Benim yaşım

Very bad: Çok kötü

Very good: Çok iyi

With sugar: Şekerli

Without: siz/sız/suz/süz

Without salt: Tuzsuz

Without sugar: Şekersiz

Doğum günün kutlu olsun:
Happy Birthday

Kolay gelsin: it is said to someone who is working

Geçmiş olsun: It is said to someone who is ill.

LEARNING NUMBERS: SAYILARI ÖĞRENİYORUZ

0   **Zero - sıfır**

1   **One - bir**

2   **Two – iki**

3   **Three - üç**

4   **Four - dört**

5   **Five - beş**

6   **Six - altı**

7   **Seven - yedi**

8   **Eight - sekiz**

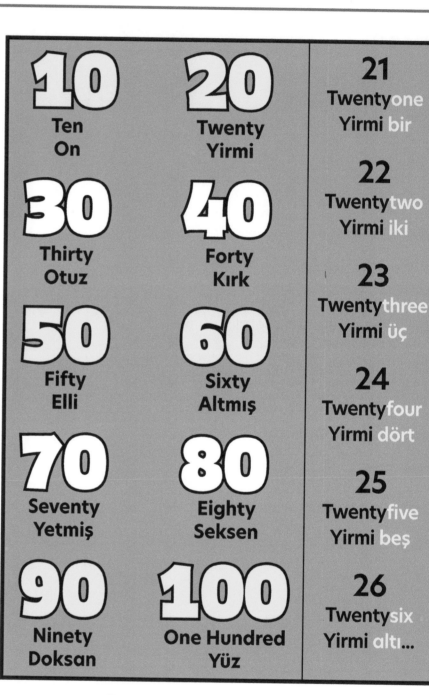

10 Ten On	**20** Twenty Yirmi	**21** Twentyone Yirmi bir
30 Thirty Otuz	**40** Forty Kırk	**22** Twentytwo Yirmi iki
50 Fifty Elli	**60** Sixty Altmış	**23** Twentythree Yirmi üç
70 Seventy Yetmiş	**80** Eighty Seksen	**24** Twentyfour Yirmi dört
90 Ninety Doksan	**100** One Hundred Yüz	**25** Twentyfive Yirmi beş
		26 Twentysix Yirmi altı...

Examples / Örnekler

Bir bira lütfen	One beer, please
İki siyah araba	Two black cars
Üç küçük kuş	Three small birds
On gün önce	Ten days ago

LEARNING COLOURS: RENKLERİ ÖĞRENİYORUZ

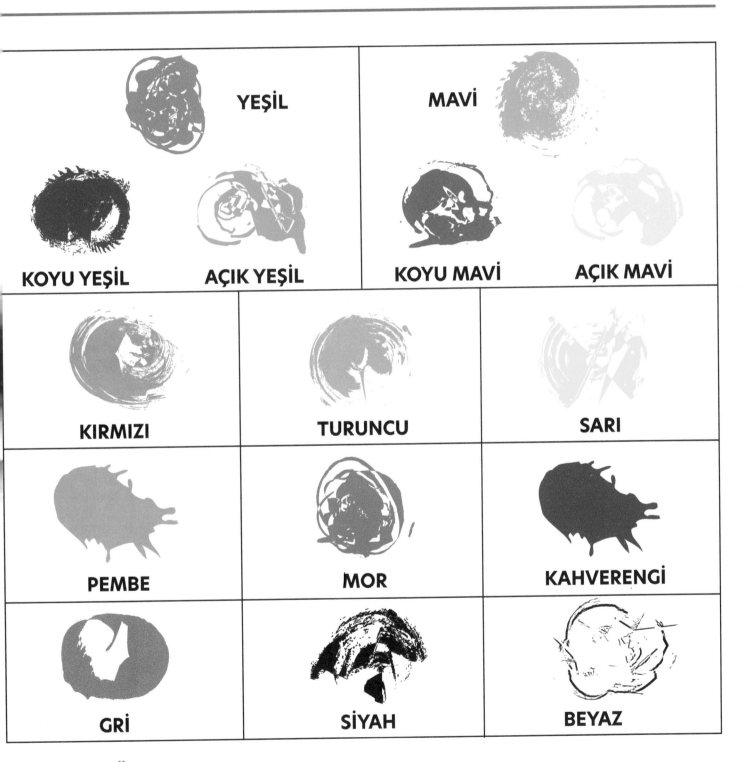

YEŞİL	MAVİ
KOYU YEŞİL AÇIK YEŞİL	KOYU MAVİ AÇIK MAVİ

KIRMIZI	TURUNCU	SARI
PEMBE	MOR	KAHVERENGİ
GRİ	SİYAH	BEYAZ

Examples / Örnekler

Bu beyaz ev çok eski.
This white house is very old.

Kırmızı çiçekler çok canlı.
Red flowers are very lively.

UNIT 4: MOST COMMON VERBS - En Sık Karşılaştığımız Fiiller

These verbs are the most common verbs that Turkish people are most likely to use during their daily conversations.

1. achieve - başarmak
2. allow - izin vermek
3. ask - sormak
4. be – olmak
5. become – olmak
6. begin – başlamak
7. believe - inanmak
8. buy - satın almak
9. bring - getirmek
10. call – aramak

> Odan çok dağınık! Odanı temizle lütfen.

11. change – değiştirmek
12. **clean - temizlemek**
13. come – gelmek
14. continue - devam etmek
15. cut - kesmek
16. do – yapmak
17. **drink - içmek**
18. eat - yemek
19. fall - düşmek
20. feel - hissetmek
21. find – bulmak

> Çok lezzetli bir meyve suyu. Sana da aldım. İçer misin?

> Evet, lütfen. Çok teşekkür ederim.

24. follow - takip etmek

25. **forget - unutmak**

26. get – almak

27. give - vermek

28. go - gitmek

29. have - sahip olmak

30. hear - duymak

31. help - yardım etmek

32. hold – tutmak

33. invite - davet etmek

34. know - bilmek

35. learn - öğrenmek

36. leave - bırakmak

37. like - hoşlanmak

38. lose - kaybetmek

39. look – bakmak

40. love - sevmek

41. make – yapmak

42. marry - evlenmek

43. mean - kastetmek

44. meet - tanışmak

45. move - ilerlemek

46. need – ihtiyacı olmak

47. offer - teklif etmek

48. open - açmak

49. pay - ödemek

50. play - oynamak

51. pull - çekmek

52. push - itmek

53. put – koymak

54. understand - anlamak

55. **read - okumak**

56. remember - hatırlamak

57. run - koşmak

58. say - söylemek

59. see – görmek

60. sell - satmak

61. send - göndermek

read - okumak

Eyvah! Faturayı yatırmayı unuttum!

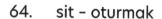

64. sit – oturmak
65. sleep - uyumak
66. smile - gülmek
67. suggest – önermek
68. speak – konuşmak
69. spend - harcamak
70. start - başlamak
71. stay - kalmak
72. stop - durmak
73. take – almak
74. talk – konuşmak
75. teach - öğretmek
76. tell - söylemek
77. think - düşünmek
78. turn - dönmek

1 Dilek tuttun mu?

2 Evet! Üç dilek tuttum.

3 Doğum günün kutlu olsun canım.

4 Teşekkürler!

79. try - denemek
80. use – kullanmak
81. visit - ziyaret etmek
82. wait - beklemek
83. walk - yürümek
84. want – istemek
85. wash - yıkamak
86. watch - izlemek
87. wear - giymek
88. win – kazanmak
89. **wish -** dilek tutmak
90. write - yazmak
91. work - çalışmak

TELLING THE TIME: SAATLER

Saat: Time/watch/clock	**Buçuk:** Half past	**Çeyrek geçiyor:** Quarter past
Saat kaç? What time is it?	**Çeyrek:** Quarter	**Çeyrek var:** Quarter to

Saat bir
It is one o'clock

Saat iki
It is two o'clock

Saat üç
It is three o'clock

Saat bir
It is one o'clock

Saat ikiye çeyrek var.
It is quarter to two.

Çeyrek: **Quarter** - Çeyrek var: **Quarter to**

Saat ikiye çeyrek var.	>	It is quarter to two.
Saat dokuza çeyrek var.	>	It is quarter to nine.

Saat bir buçuk
It is half past one

Buçuk: **Half past**

Saat bir buçuk
It is half past one

Saat iki buçuk
It is half past two

Çeyrek: **Quarter**
Çeyrek geçiyor: **Quarter past**

Saat beşi çeyrek geçiyor.
It is quarter past five.

Saat onu çeyrek geçiyor.
It is quarter past ten.

Saat on biri çeyrek geçiyor.
It is quarter past eleven.

UNIT 5: PERSONAL ENDINGS - Kişi Ekleri

The Turkish language has a specific suffix for each pronoun case. The table below will show you which suffix is needed for each pronoun.

Personal Endings Table

Person	To be (am, is, are) Simple present, Present Continuous, Future tense and modal verb must and can	Past Tense If conditionals
Ben	-im	m
Sen	-sin	-n
O	-	-
Biz	-iz	-k
Siz	-siniz	-niz
Onlar	-ler	-ler

REMEMBER, in Turkish grammar, the personal endings vowels change according to the Vowel Harmony Rule so that the word can be pronounced smoothly. **For example,** the personal ending -im for personal pronoun 'ben' could also be ım,um,üm and -sin for personal pronoun 'sen' could also be sın,sun,sün and so on.

Example / Örnek

Sessiz: quiet
Yorgun: tired

Ben **sessiz** + im/ sessizim:
I am quiet.

Sen **sessiz** + sin/ sessizsin:
You are quiet.

Ben **yorgun** + um/ yorgunum:
I am tired.

Sen **yorgun** + sun/ yorgunsun:

UNIT 6: PERSONAL PRONOUNS AND 'TO BE' IN THE PRESENT TENSE (AM, IS, ARE) - Ben doktorum: I am a doctor.

Personal pronouns are substitute words used to represent people or things. Here is the list of personal pronouns.

I	Ben
You	Sen
He/she/it	O
We	Biz
You (plural/formal)	Siz
They	Onlar

Ben

Sen

O

The Turkish language heavily relies on suffixes and the vowel harmony.

There are 8 vowels in Turkish and they are described in two different sets.

Thick vowels: a, o, u, ı (dotless vowels)

Thin vowels: e, ö, ü, i (dotted vowels)

Let's have a look at the list of personal pronouns and their suffixes for 'to be' in present tense.

Ben	-[y]ım -[y]im -[y]um -[y]üm
Sen	-sın -sin -sun -sün
O	No need for a suffix
Biz	-[y]ız [y]iz -[y]uz -[y]üz
Siz	-sınız -siniz -sunuz -sünüz
Onlar	-lar -ler

Check the last vowel of the noun/word! **If the noun or word**

finishes with   **followed by**

| a/ı | → | im | -sin | -[y]ız | -sınız | -lar |
| e/i | → | im | -sin | -[y]iz | -siniz | -ler |

REMEMBER:

Once you know this rule, you know a lot!

Examples/ Örnekler

Çiçekler çok güzeller

Beautiful: Güzel

Ben güzel**im**	(I am beautiful)	Biz güzel**iz**	(We are beautiful)
Sen güzel**sin**	(You are beautiful)	Siz güzel**siniz**	(You* are beautiful)
O güzel	(He/she/it is beautiful)	Onlar güzel**ler**	(They are beautiful)

Hardworking: Çalışkan

Ben çalışkanım	(I am hardworking)	Biz çalışkan**ız**	(We are hardworking)
Sen çalışkansın	(You are hardworking)	Siz çalışkan**sınız**	(You* are hardworking)
O çalışkan	(He/she/it is hardworking)	Onlar çalışkan**lar**	(They are hardworking)

Brave: Cesur

Ben cesurum	(I am brave)	Biz cesur**uz**	(We are brave)
Sen cesursun	(You are brave)	Siz cesur**sunuz**	(You* are brave)
O cesur	(He/she/it is brave)	Onlar cesur**lar**	(They are brave)

Sad: Üzgün

Ben üzgünüm (I am sad)	Biz üzgün**üz** (We are sad)	
Sen üzgünsün (You are sad)	Siz üzgün**sünüz** (You* are sad)	
O üzgün (He/she it is sad)	Onlar üzgün**ler** (They are sad)	

* plural/formal

The buffer "y" keeps vowels apart!

In Turkish, according to the grammatical structure, two vowels do not come together. The "y" buffer (kaynaştırma) has the purpose of linking two consecutive vowels.

Example/ Örnek

Intelligent: Zeki

Ben zeki**yim**

Sen zeki**sin**

O zeki

Biz zeki**yiz**

Siz zeki**siniz**

Onlar zeki**ler**

Happy: Mutlu

Ben mutlu**yum**

Sen mutlu**sun**

O mutlu

Biz mutlu**yuz**

Siz mutlu**sunuz**

Onlar mutlu**lar**

> Sen mutlu musun?

> Evet, çok mutluyum.

 Here are some more examples

Bu: This	**Araba: Car**	**Çok: Very**	**Hızlı: Fast**
Kalın: Thick	**Neşeli: Joyful**	**Bugün: Today**	**Rahat: Comfortable**
Şimdi: Now	**Kırmızı: Red**	**Kazak: Jumper**	**Enerji dolu: Full of energy**

Bu araba çok hızlı.

Ben bugün çok enerji doluyum.

Sen bugün çok neşelisin.

O şimdi çok rahat.

Kırmızı kazak çok kalın.

This car is very fast.

I am full of energy today.

You are very joyful today.

He is very comfortable now.

The red jumper is very thick.

YOUR TURN

Use the adjective -clumsy/sakar - in the appropriate form for each person (Ben has been done for you).

Ben sakarım.

Sen..................................

O..

Biz.....................................

I am clumsy.

You are clumsy.

He/ she/ it is clumsy.

We are clumsy.

UNIT 7: PERSONAL PRONOUNS AND 'TO BE' IN THE PAST TENSE (WAS, WERE) - Ben doktordum: I was a doctor.

Let's have look at the list of personal pronouns and their suffixes for 'to be' in the past tense; you can also see the personal endings table in unit 5.

Ben: m

O: No need for a suffix

Siz: niz/nız,nuz,nüz (vowel harmony rule)

Sen: n

Biz: k

Onlar -lar -le

Word + di/dı/du/dü + personal ending

Kelime + di/dı/du/dü + personal ending

Example / Örnek

Mutsuz: Unhappy

Ben **mutsuz+du+m / mutsuzdum**.   I was unhappy.

Sen **mutsuz+du+n / mutsuzdun**.   You were unhappy.

O **mutsuz+du / mutsuzdu**.   He/she/it was unhappy.

Biz **mutsuz+du+nuz / mutsuzdunuz**.   We were unhappy.

Siz **mutsuz+du+nuz / mutsuzdunuz**.   You (plural/formal) were unhappy.

Onlar **mutsuz+lar dı / mutsuzlardı**.   They were unhappy.

Meşgul: Busy

Ben **meşgul+dü+m / meşguldüm**.   I was busy.

Sen **meşgul+dü+n / meşguldün**.   You were busy.

O **meşgul+dü / meşguldü**.   He/She/It was busy.

Biz **meşgul+dü+k / meşguldük**.   We were busy.

Siz **meşgul+dü+nüz / meşguldünüz**.   You (plural/formal) were busy.

Temiz: Clean

Ben **temiz+di+m** / **temizdim.** I was clean.

Sen **temiz+di+n** / **temizdin.** You were clean.

O **temiz+di** / **temizdi.** He/She/It was clean.

Biz **temiz+di+k** / **temizdik.** We were clean.

Siz **temiz+di+niz** / **temizdiniz.** You (plural/formal) were clean.

Onlar **temiz+ler+di** / **temizlerdi.** They were clean.

Kiracı: Tenant

Ben **kiracı +y+dı+m** / **kiracıydım.** I was a tenant.

Sen **kiracı +y+dı+n** / **kiracıydın.** You were a tenant.

O **kiracı +y+dı** / **kiracıydı.** He/She/It was a tenant.

Biz **kiracı +y+dı+k** / **kiracıydık.** We were tenants.

Siz **kiracı +y+dı+nız** / **kiracıydınız.** You (plural/formal) were tenants.

Onlar **kiracı+lar+dı** / **kiracılardı.** They were tenants.

☆ Here are some more examples

Ama: But / Çok: Very / Önce: Ago

Şimdi: Now / Beş: Five / Yıl: Year

Eskiden: A long time ago

Mutlu: Happy / Mutsuz: Unhappy

Doktor: Doctor / Mimar: Architect

Öğrenci: Student / Ressam: Artist

Ben eskiden mutsuzdum ama şimdi çok mutluyum.
A long time ago, I was unhappy but now I am very happy.

Sen eskiden doktordun ama şimdi mimarsın.
A long time ago, you were a doctor but now you are an architect.

Beş yıl önce, o bir öğrenciydi ama şimdi o bir ressam.
5 years ago, he was a student but now he is an artist.

YOUR TURN

Use the adjective -brave/cesur- in the appropriate form for each person (the first one has been done for you).

Ben cesurdum.   I was brave.   Biz .... We were brave.

UNIT 8: PERSONAL PRONOUN AND 'TO BE' IN THE QUESTION FORM - Ben doktor muyum? Am I a doctor?

In order to make the question form of 'to be', you add mi,mı,mu or mü (according to the vowel harmony) before the personal ending.

Word + mi **+ personal ending**

If the last vowel of a word is:

"a/ı" → use the "mı" suffix.

"e/i" → use the "mi" suffix.

"o/u" → use the "mu" suffix.

"ö/ü" → use the "mü" suffix.

Word: güzel (the last vowel is "e", so use the "mi" suffix)

Ben güzel miyim?	Am I beautiful?
Sen güzel misin?	Are you beautiful?
O güzel mi?	Is he/she/it beautiful?
Biz güzel miyiz?	Are we beautiful?
Siz güzel misiniz?	Are you (**plural/formal**) beautiful?
Onlar güzeller mi? (personal ending +mi)	Are they beautiful?

 Here are some more examples

Bugün: Today   Mutlu: Happy   Sen bugün mutlu musun? Are you happy today?

Use the adjective -clever/zeki- in the appropriate form for each person (the first one has been done for you).

Ben zeki miyim?	Am I clever?
Sen zeki ....?	Are you clever?
O zeki ....?	Is he/she/it clever?
Biz zeki ....?	Are we clever?
Siz zeki ....?	Are you (**plural/formal**) clever?

UNIT 9: TO BE (AM, IS, ARE) IN A NEGATIVE FORM/ değil

I am not a doctor. Ben doktor değilim.

In order to make a negative version (not) of to be in the present tense, we attach the personal ending (see unit 1) to the word "değil"(not).

değil + personal ending

place **değil** + personal ending after the noun or adjective that you want to make negative

Bad: Kötü

Ben kötü **değil**im	(I am not bad)
Sen kötü **değil**sin	(You are not bad)
O kötü **değil**	(He/she/it is not bad)
Biz kötü **değil**iz	(We are not bad)
Siz kötü **değil**siniz	(You are not bad)
Onlar kötü **değil**ler	(They are not bad)

Teacher: Öğretmen

Ben öğretmen **değil**im	(I am not a teacher)
Sen öğretmen **değil**sin	(You are not a teacher)
O öğretmen **değil**	(He/she is not a teacher)
Biz öğretmen **değil**iz	(We are not teachers)
Siz öğretmen **değil**siniz	(You are not a teachers)
Onlar öğretmen **değil**ler	(They are not teachers)

⭐ Here are some more examples

Hava soğuk **değil**:	The weather is not cold.
Onlar aç **değil**ler:	They are not hungry.
Biz dikkatli **değil**iz:	We are not careful.

YOUR TURN

Use the adjective famous/ ünlü in a negative form (değil/not) for each person (the first one has been done for you).

Ben ünlü **değil**im   I am not famous.

Sen ünlü ....

O ünlü ....

Biz ünlü ....

Son filminizde bir harikaydınız! Resminizi çekebilir miyim?

Hayır, lütfen. Beni başka biri ile karıştırdınız. Ben ünlü biri değilim.

UNIT 10: "TO BE" IN A NEGATIVE FORM SIMPLE PAST TENSE (WASN'T, WEREN'T) - Ben .... değildim: I wasn't ....

Ben yorgun değildim: I wasn't tired

In our previous unit, we learned that the negative version of to be is the word "**değil**".

The suffix for was/were is di (dı,du,dü).

This is the formula to follow when we want to generate a sentence for to be in a negative form in the simple past tense.

Değil + di + personal ending for I,YOU,HE/SHE/IT,WE AND YOU **(plural/formal)**.

Değil + personal ending + di for THEY.

check the personal ending table for the past tense

Example / Örnek

Ev: Home / At home: evde

Ben evde **değil**dim.   I wasn't at home.

Sen evde **değil**din.   You weren't at home.

O evde **değil**di.   He/She/it wasn't at home.

Biz evde **değil**dik.   We weren't at home.

Siz evde **değil**diniz.   You weren't at home.

Onlar evde **değil**lerdi.   They weren't at home.

2 Evet, görevli arkadaş sizi evde bulamayınca, buraya teslim etti. Kimliğiniz lütfen.

1 Dün evde değildim. Kargom burada mı?

⭐ Here are some more examples

Geçen sene: last year   Ama: but   Zengin: rich

Ben geçen sene zengin **değildim** ama şimdi zenginim.

I wasn't rich last year but I am rich now.

yalnız: alone   dün gece: last night

Sen dün gece yalnız **değildin**. / You weren't alone last night.

YOUR TURN

Use the adjective -tired/yorgun- in a negative form and simple past tense (değil: was /were not) form for each person (Ben has been done for you).

Ben yorgun **değildim**.   I wasn't tired.

Sen yorgun ....

O yorgun ....

Biz yorgun ....

Siz yorgun

EXERCISES /ALIŞTIRMALAR

UNITS 6/7

1) Complete this exercise with the correct personal ending.

Ben öğrenci....................... (I am a student)

Sen anne........................... (You are a mother)

O hasta............................ (He is ill)

Biz iyi.............................. (We are well)

Siz zengin......................... (You are rich)

Onlar mutlu....................... (They are happy)

2) Complete this exercise with the correct personal ending.

Ben üzgün........................ (I was sad)

Sen çok yorgun................ (You were very tired)

O heyecanlı....................... (She was excited)

Biz aç.............................. (We were hungry)

Siz mutlu.......................... (You were happy)

Onlar garip....................... (They were strange)

3) Translate these sentences to Turkish.

The cookies were delicious: ....

The film was very funny: ....

This house was expensive: ....

UNIT 8

1) Find the missing word

Kedi ....mı? Evet siyah.   Is the cat black? Yes, it is.

Yemek ....mi? Evet lezzetli.   Is the food delicious? Yes, it is.

Ev ....mü? Hayır ev büyük değil.   Is the house big? No, it isn't.

Sen ....musun? Evet mutluyum.   Are you happy? Yes, I am.

2) Build Sentences

zeki Ben miyim çok ....?   Am I very clever?

mu telefon Bu bozuk ....?   Is this phone broken?

Kadın mı çok bu çalışkan ....?   Is this woman very hardworking?

3) Word Search

ı	i	y	i	m	i	k
m	o	Ü	d	ğ	u	ö
n	u	k	Ş	ç	t	t
ı	Ö	t	t	z	f	ü
g	t	s	l	o	l	m
z	a	t	r	u	r	ü
ı	p	l	k	c	m	p
k	G	h	t	r	s	u

Try to find these words.

-kötü mü?   Is it bad?   -iyi mi?   Is she good?

-mutlu mu?   Is she happy?   kızgın mı?   Is he angry?

4) Add the appropriate question suffix -mı/mi/mu/mü

O iyi ....?   Is he well?

Sen doktor ....?   Are you a doctor?

Gül pembe ....?   Is the rose pink?

Otobüs büyük ....?   Is the bus big?

Telefon son model ....?   Is this phone the latest version?

UNIT 9/10

Complete with the verb TO BE negative present tense
değil + personal ending (not / isn't / aren't)

Biz arkadaş değiliz. We are not friends.

Tom, Juliet ve Sheila doktor .... Tom, Juliet and Sheila are not doctors.

Duncan muhasebeci .... Duncan is not an accountant.

Beverly Alman .... Beverly is not German.

Benim diz üstü bilgisayarım eski .... My laptop is not old.

O sakin .... She is not calm.

Bu araba benim .... This car is not mine.

Ben tembel .... I am not lazy.

Complete with the verb TO BE negative past tense
değildi + personal ending (was not / were not)

Biz arkadaş değildik. We were not friends.

Tom, Juliet ve Sheila doktor................ Tom, Juliet and Sheila were not doctors.

Duncan muhasebeci .... Duncan wasn't an accountant.

Beverly Alman .... Beverly wasn't German.

Benim diz üstü bilgisayarım eski .... My laptop wasn't old.

O sakin .... She wasn't calm.

Bu araba benim This car wasn't mine.

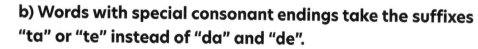

UNIT 11: PREPOSITIONS
Edatlar: in/on/at - On the table: masada

Prepositions/edatlar tell us where something is. Prepositions such as in, at and on can be translated as a suffix "da" or "de", and written adjacently! There are only two rules to remember;

a) Vowel Harmony Rules!

If the last vowel of the word is one of the thick or dotless vowels such as a/ı/o/u, make sure you add the suffix -da.

If the last vowel of the word is one of the thin or dotted vowels such as e/i/ö/ü, make sure you add suffix -de. The last vowel of the word must agree with the vowel of the suffix according to the vowel harmony rules!

Last vowel	suffix	Last vowel	suffix
a, ı, o, u:	**da**	**e, i, ö, ü:**	**de**

Noun + da/de	İsim + da/de	
masa+da	**masada:**	**on the table**
deve+de	devede:	on the camel
kutu+da	kutuda:	in the box
çanta+da	çantada:	in the bag
arka+da	arkada:	at the back
sehpa+da	**sehpada:**	**on the coffee table**
merdiven+de	merdivende:	on the stairs

Çiçekler masada

Çiçekler sehpada

b) Words with special consonant endings take the suffixes "ta" or "te" instead of "da" and "de".

Noun+ ta/te	İsim+ ta/te

Charlie Saw His Kind Friendly Parents Sewing Sheets Together
(Check the initials!)

Ders+te   derste: in the lesson

Ayak+ta   ayakta: on the foot

Kitap+ta   **kitapta: in the book**

Prinç+te   pirinçte: in the rice

Raf+ta   **rafta: on the shelf**

(The vowel harmony rules also need to be applied).

rafta: on the shelf

⭐ Here are some more examples

kitapta: in the book

Dün: yesterday   Onu: him   Karanlık: dark   Para: money

Onu dün karanlıkta gördüm.   Yesterday, I saw him in the dark.

Cüzdanda para yok.   There is no money in the purse.

Find the right suffix for each word.
The first one has been done for you.

Merdivende: on the stairs

Kulak: ear   Cüzdan: purse/wallet

Otobüs: bus   Televizyon: TV

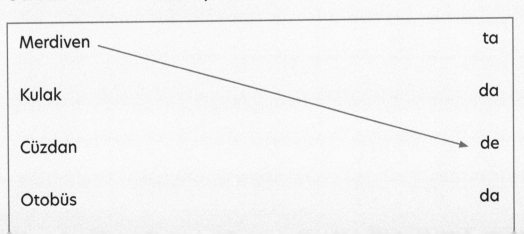

Merdiven	ta
Kulak	da
Cüzdan	de
Otobüs	da

UNIT 12: MORE ON PREPOSITIONS:
Under, In front of, Behind, Next to, Inside, On top of
Edatlar: Altında, Önünde, Arkasında, Yanında, İçinde, Üstünde

---

Prepositions/edatlar tell us where something is. Let's have a look at the 6 main prepositions.

Under: Altında	**In front of:** Önünde	**Behind:** Arkasında
	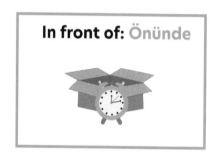	
Next to: Yanında	**Inside:** İçinde	**On top of:** Üstünde

In Turkish grammar, prepositions almost always are linked to the previous word with the suffix -of (nın,nin,nun,nün for vowel-ending words or ın,in,un,ün for consonant-ending words). In order to know which suffix to use we need to follow the vowel harmony rules.

If the last vowel of a word is:

"a/ı" → use the "ı" ending.   "e/i" → use the "i" ending.

"o/u" → use the "u" ending.   "ö/ü" → use the "ü" ending.

Example / Örnek

Kapı+**nın** önünde:	Kapının önünde	In front of the door.
Ev+**in** yanında:	Evin yanında	Next to the house.
Televizyon+**un** arkasında:	Televizyounun arkasında	Behind the television.
Araba+**nın** içinde:	Arabanın içinde	Inside the car.

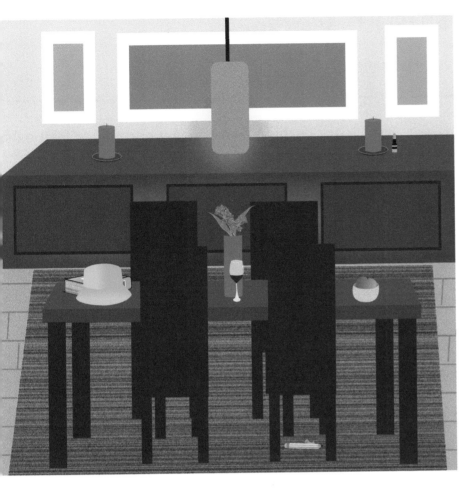

Halı: carpet - Sandalye: chair
Konsol: sideboard
Duvar iğnesi: pin - Kase: bowl

Kalem, sandalyenin altında, halının üstünde/ üzerinde.
The pencil is on the carpet, under the chair.

Vazo masanın üstünde/ üzerinde.
The vase is on the table.

Bardak masanın üstünde/ üzerinde, vazonun önünde.
The glass is in front of the vase on the table.

Ruj konsolun üstünde/ üzerinde, mumun yanında.
The rouge is next to the candle on the sideboard.

Kitap masanın üstünde/ üzerinde, şapkanın arkasında.
The book is on the table behind the hat.

Duvar iğnesi halının üzerinde, sandalyenin altındaki kalemin arkasında.
The pin is on the carpet, behind the pencil under the chair.

Elma kasenin içinde.
The apple is in the bowl.

 ## Here are some more examples

Top kutunun altında.	The ball is under the box.
Top kutunun önünde.	The ball is in front of the box.
Top kutunun arkasında.	The ball is behind the box.
Top kutunun yanında.	The ball is next to the box.
Top kutunun içinde.	The ball is in/inside the box.
Top kutunun üstünde.	The ball on top of the box.

YOUR TURN

Flower: Çiçek   Vase: Vazo
Can you translate these sentences?

The flower is **in** the vase.   The flower is **in front of** the vase.

UNIT 13: THERE IS /THERE ISN'T - Var/Yok

Is there? Var mı? Isn't there? Yok mu?

In Turkish language, we use "there is/ var" to talk about things we can see and things that exist or "there isn't/ yok" when we talk about things that arent there.

Çiçek

Kalem

Makas

Words:

Çiçek: flowers

-da: in/on/at

Kalem: pencil

Makas: scissors

Masa: table

Ne: what

Sehpa: coffee table

Var: there is

Vazo: vase

Yok: there isn't

Masa

Sehpa

Vazo

Masada 3 (üç) kalem var.

Masada 2 (iki) makas var.

Masada 1 (bir) vazo var.

Vazoda 8 (sekiz) çiçek var.

Here are some more examples

Sehpada ne var?   **What is on top of the coffee table?**

Sehpada saat var mı?   **Is there a clock on top of the coffee table?**

Sehpada saat var, hesap makinası yok.

On the coffee table there is a clock; there isn't a calculator.

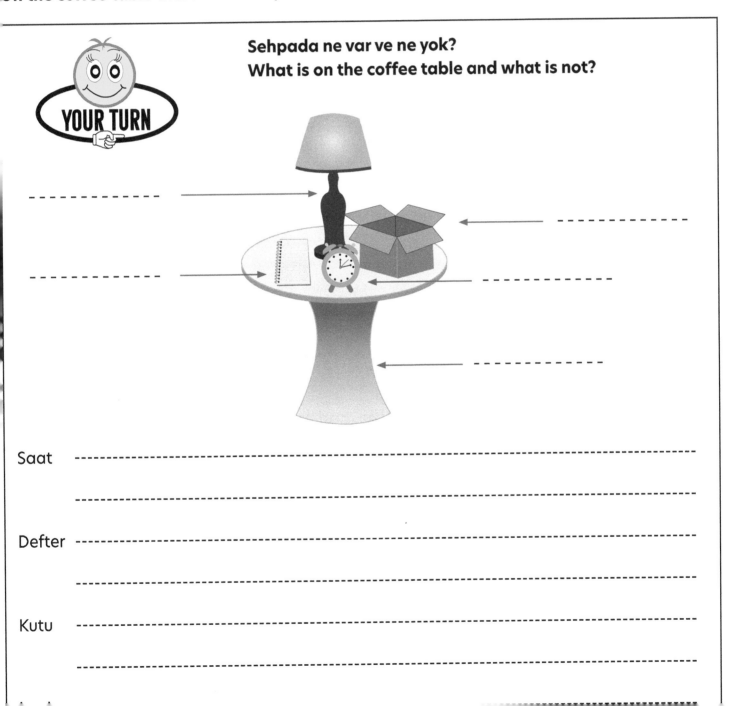

Sehpada ne var ve ne yok?
What is on the coffee table and what is not?

Saat --

Defter --

Kutu --

UNIT 14: POSSESSIVE ADJECTIVES - İyelik Sıfatları

My pencil. Benim kalemim.

The possessive adjectives/ iyelik sıfatları are: benim, senin, onun, bizim, sizin and onların.

Benim	my	im,ım,um,üm / m (for vowel-ending)
Senin	your	in,ın,un,ün / n (for vowel-ending)
Onun	Her/his/its	sı,si,su,sü / ı,i,u,ü (for vowel-ending)
Bizim	Our	imiz,ımız,umuz,ümüz /miz,mız,muz,müz (for vowel-ending)
Sizin	Your	iniz, ınız,unuz,ünüz /niz,nız,nuz,nüz (for vowel-ending)
Onların	Their	leri/ları

Examples/ Örnekler

Vowel-ending

Araba: car

Benim arabam	(my car)
Senin araban	(your car)
Onun arabası	(her/his car)
Bizim arabamız	(our car)
Sizin arabanız	(your {plural/formal} car)
Onların arabaları	(their car)

Consonant-ending

defter: notebook

benim defterim

senin defterin

onun defteri

bizim defterimiz

sizin defteriniz

onların defterleri

⭐ Here are some more examples

Ev: House   Kedi: Cat   Kardeş: Sibling

Benim çok büyük bir evim var.   I have a very big house.

Senin iki kedin var.   You have two cats.

Words/kelimeler

Family: aile   Mother: anne   Hair: saç

Boss: patron   Hands: eller   Feet: ayaklar

Family: aile

Mother: anne

Hair: saç

Boss: patron

Hands: eller

Feet: ayaklar

Senin araban var mı?

Evet var.

Translate to Turkish

My family -----------------------------------

Your mother ---------------------------------

Her hair -------------------------------------

Our boss -------------------------------------

Your hands -----------------------------------

UNIT 15: COMPARATIVE AND SUPERLATIVE OF ADJECTIVES

Karşılaştırma sıfatları - Bigger: daha büyük   biggest: en büyük

In order to form a sentence with comparative and superlative adjectives in Turkish, we add "daha" at the beginning of an adjective for comparative, and "en" for the superlative.

Daha: more

Daha güzel:	More beautiful
Daha iyi:	Better
Daha ucuz:	Cheaper
Daha pahalı:	More expensive
Daha mutlu:	Happier

En: The most

En güzel:	The most beautiful
En iyi:	The best
En ucuz:	The cheapest
En pahalı:	The most expensive
En mutlu:	The happiest

 ### Here are some more examples

Sen daha zenginsin.
You are richer.

Bu kedi daha zayıf.
This cat is thinner.

Bu koltuk daha ucuz.
This armchair is cheaper.

Elma en sağlıklı meyvedir.
Apples are the healthiest fruit.

Yeşil elmalar kırmızı elmalardan daha sağlıklı.
The green apples are healthier than the red apples.

Tarkan, Türkiye'deki en ünlü şarkıcı.
Tarkan is the most famous singer in Turkey.

İstanbul Türkiye'deki en kalabalık şehir.
Istanbul is the most crowded city in Turkey.

Kim daha güzel?

Sen daha güzelsin.

If you want to use the word "**than**" in Turkish to compare two things such as "my house is bigger **than** your house", in this case, you will need to use the suffix "**den**" or "**dan**" attached to the comparative adjective.

"Benim evim senin evin**den daha** büyük".

Examples/ Örnekler

Onun kalemi benim kalemimden **daha** koyu.
His pen is darker than my pen.

Senin elbisen benim elbisemden **daha** kısa.
Your dress is shorter than my dress.

Bizim ülkemiz sizin ülkenizden **daha** sıcak.
Our country is warmer than your country.

Benim çantam senin çantandan **daha** ağır.
My bag is heavier than your bag.

Bu yemek masadaki en lezzetli yemek.
This meal is the most delicious meal on the table.

Dünya'daki en lezzetli yemek nedir?
What is the most delicious food in the world?

YOUR TURN

Beautiful: güzel

Use the comparative adjective in the appropriate form for each person (Ben has been done for you).

Ben daha güzelim.	I am more beautiful.
Sen	You are more beautiful.
O	She is more beautiful.
Biz....................................	We are more beautiful.
Siz....	You (plural/formal) are more beautiful.

EXERCISES /ALIŞTIRMALAR

UNIT 11/12

PREPOSITIONS

1) Kemik nerede? Where is the bone?

A. Köpeğin altında.

B. Köpeğin yanında.

C. Köpeğin üstünde.

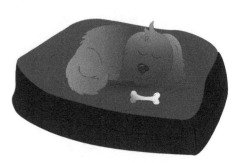

2) Kedi nerede? Where is the cat?

A. Sandalyenin altında.

B. Sandalyenin üstünde.

C. Sandalyenin arkasında.

Complete the sentences by putting in the correct preposition.

Çiçek masanın ....   The flower is on the table.

Küvetin .... oyuncak var.   There is a toy in the bath.

Süt dolabın ....   The milk is in the fridge.

Top koltuğun ....   The ball is behind the chair.

Anahtarlar televizyonun ....   The keys are next to the TV.

UNIT 13

1) Pizzanın üstünde ne var? What is on the pizza?

MALZEMELER: TOPPINGS

Mantar (mushroom): Var	**Mısır (sweetcorn): Var**	**Peynir (Cheese): Var**
Et (Meat): Yok	**Ton balığı (tuna): Yok**	**Biber (Pepper): Var**

Pizzada mantar var mı? Evet var!
Are there mushrooms on the pizza? Yes, there are!

Pizzada ....!
Is there sweetcorn on the pizza? Yes, there is!

Pizzada ....!
Is there any cheese on the pizza? Yes, there is!

Pizzada ....!
Is there any meat on the pizza? No, there isn't!

Pizzada ....!
Is there any tuna on the pizza? No, there isn't!

Pizzada ....!
Is there any pepper on the pizza? Yes, there is!

2) Write sentences

Pizzada mantar var ama et yok.
There are mushrooms but there isn't any meat on top of the pizza!

Pizzada ....

Pizzada ....
There is sweetcorn and pepper on top of the pizza but there isn't any meat or tuna.

UNIT 14/15

1) Add the correct Possessive Adjectives

1. Benim kalemim (My pencil)

2. .... kalemin (Your pencil)

3. .... kalemi (Her pencil)

4. .... kalemimiz (Our pencil)

5. .... kaleminiz (Your pencil)

6. .... kalemleri (Their pencil)

2) Translate to Turkish

Big: büyük   Small: küçük   Expensive: pahalı

My house is bigger. Benim evim daha büyük.

Your house is smaller. ....

His house is the biggest. ....

Our house is expensive. ....

Your (Plural/formal) house is more expensive. ....

Their house is the most expensive. ....

3) Translate the sentences into English

Benim kedim senin kedinden daha yaşlı.

Senin annen benim annemden daha genç.

_____

Benim saçım senin saçından daha uzun.

_____

Onun odası benim odamdan daha temiz.

_____

4) Translate the sentences into Turkish

He likes his red jumper more than his white jumper.

_____

His present is better than my present.

_____

Istanbul is bigger than Hatay.

_____

Hatay is smaller than Istanbul.

_____

Hatay is hotter than Istanbul.

_____

Istanbul is much colder than Hatay.

_____

Istanbul is the biggest city in Turkey.

_____

UNIT 16: CONSONANT MUTATION
Ünsüz Yumuşaması

In Turkish there are some special consonants that are replaced by other letters when a vowel suffix is added to a word.

The changes are as follows:

p, ç, t, k change into these equivalent sounds b, c, d, ğ to make the words sound smoother.

p ----->-------> **b**   **ç** ->-------->------- **c**

t ----->-------> **d**   **k** ->-------->------- **ğ**

Examples/ Örnekler

Kitap: book
kitap+ım: kitabım (my book)

Ağaç: tree
Ağaç+ım: Ağacım (my tree)

Sözlük: dictionary
Sözlük+üm: Sözlüğüm: (my dictionary)

Bardak: glass
Bardak+ım: Bardağım (my glass)

Öğüt: advice
Öğüt+üm: Öğüdüm (my advice)

Yanak: cheek
Yanak+ım: yanağım (my cheek)

Bacak: leg
Bacak+ım: bacağım (my leg)

Cep: pocket
Cep+im: cebim (my pocket)

Bu kitap senin kitabın mı?

Evet, benim kitabım.

⭐ Here are some more examples

Ağaç: Tree   Dolap: Cupboard   Ekmek: Bread

Gözlük: Glasses   Kanat: Wing   Kazak: Jumper

Bu sabah ekmeği marketten aldım (k-->ğ).
This morning, I bought the bread from the shop.

Ağacın dalı kırılıyor (ç-->c).
The tree's branch is breaking.

Kazağım kırmızı (k-->ğ).
My jumper is red.

Dolabın kapağı çok ağır (p-->b).
The cupboard door is very heavy.

Gözlüğü görmedim (k-->ğ).
I didn't see the glasses.

Kuşun kanadı beyaz (t-->d).
The bird's wing is white.

Ağaç: Tree

Kuşun kanadı beyaz (t-->d)

YOUR TURN

Translate the following sentences into Turkish:

1. The rabbit climbed up the tree.

....

2. Ali loved the child.

....

3. Where is my jumper?

....

4. My medicine has finished.

....

5. She is passing the bread

UNIT 17: INTRODUCE YOURSELF - Kendinden bahset

Words: Kelimeler

Ad:	name		Kaç yaşında:	how old
Alışverişe gitmek:	to go shopping		Kitap:	book
Ankara:	capital city of Turkey		Memnun olmak:	to be pleased
Ben:	I		Ne / nedir:	what (is)
Benim:	my		Okumak:	to read
Bekar:	single		Sen:	you
Doğum günü:	birthday		Senin:	your
Ekim:	October		Sosyalleşmek:	to socialise
Hobi:	hobby		Yaşında:	at the age
İyi:	good		Tanışmak:	to meet

Jobs/Meslekler

Author:	Yazar		Headwaiter:	Şef garson
Baby-sitter:	Bakıcı		Locksmith:	Çilingir
Baker:	Fırıncı		Plumber:	Tesisatçı
Cashier:	Kasiyer		Poet:	Şair
Driver:	Şoför		Tailor:	Terzi
Dentist:	Diş doktoru		Teacher:	Öğretmen
Doctor:	Doktor		Taxi driver:	Taksi Şoförü
Electrician:	Elektrikçi		Accountant:	Muhasebeci
Engineer:	Mühendis		Fashion designer: Moda Tasarımcısı	
Farmer:	Çiftçi		Computer Engineer:	

SORULAR - QUESTIONS

Senin adın ne?
What is your name?

Sen kaç yaşındasın?
How old are you?

Seni hobin nedir?
What is your hobby?

Nerelisin?
Where are you from?

Sen bekar mısın?
Are you single?

Sen evli misin?
Are you married?

Senin işin nedir?
What is your job?

Senin doğum günün ne zaman?
When is your birthday?

Let's do it! Hadi başlayalım!

Merhaba: Hello.

Ben iyiyim: I am fine.

Benim adım Emel: My name is Emel.

Ben 20 (yirmi) yaşındayım: I am 20 years old.

Ben doktorum: I am a doctor.

Ben bekarım: I am single.

Ben Ankara'lıyım: I am from Ankara.

29 (yirmi dokuz) Ekim benim doğum günüm:
My birthday is on the 29th of October.

Benim telefon numaram 3214 (üç, iki, bir, dört):
My telephone number is 3214.

Benim hobim kitap okumak, alışveriş yapmak ve sosyalleşmek.
My hobbies are reading books, going shopping and socialising.

Tanıştığımıza memnun oldum:
Nice to meet you!

> Ben doktorum.

YOUR TURN

Senin adın ne?

Benim adım ....

Sen kaç yaşındasın?

Ben ....im.

Senin hobin ne?   Benim hobim ....

UNIT 18: PREPOSITION - with or -by: ile/le/le bağlacı

Preposition "ile" in the sentence means accompanied by (something or someone).

ile

Arzu ile: with Arzu   Ali ile: with Ali

Babam ile: with my dad   Araba ile: with/by car   Kardeşim ile: with my sibling

This preposition can also be seen attached to the word. When this is the case, the letter i drops and the suffix le/la is written as one word.

Vowel Harmony Rule!

a-ı-o-u: **la**   **e-i-ö-ü:**   **le**

Examples / Örnekler

Annem ile: with my mum   ⟶   Annemle

Otobüs ile: by bus   ⟶   Otobüsle

Açacak ile: with pencil sharpener   ⟶   Açacakla

 Here are some more examples

Bez: cloth

Ben seninle (senin ile) geldim.   I came with you.

Evi bezle (bez ile) temizledim.   I cleaned the house with a cloth.

THERE IS ONE MORE RULE TO REMEMBER;

if the word ends with a vowel, the suffix le/la is still treated as if it had a vowel in front of it (i-le). Therefore, the buffer -y rule **needs be applied** (unit 6).

Ben arabayla gittim.   I went by car.

Annem gemiyle seyahat etti.   My mum travelled by boat.

şek**er** ile: şek**er**le   elin**iz** ile: elin**iz**le   bıç**ak** ile: bıç**ak**la   oklav**a** ile: oklav**a**yla

s**üt** ile: s**üt**le   kal**ıp** ile: kal**ıp**la   bard**ak** ile: bard**ak**la

YOUR TURN

Write the matching suffix with for each word

(The first one has been done for you).

Ablam: my big sister: <u>ablamla/ ablam ile</u>

Fener: torch   ------------------------

Fener - Torch

Makas: scissors   ------------------------

Tren: train   ------------------------

UNIT 19: PLURALS - Çoğullar (lar or ler)

Forming plural suffixes in Turkish is done by using -lar or -ler. We use the rules of Vowel Harmony to decide which suffix to use.

a-ı-o-u: lar　　　　　**e-i-ö-ü: ler**

Examples / Örnekler

Araba - Arabalar (Car – Cars)

Kapı - Kapılar (Door – Doors)

Çanta - Çantalar (Bag – Bags)

İnsan - İnsanlar (Person – People)

Ev - Evler (House – Houses)

Perde - Perdeler (Curtain – Curtains)

Göz - Gözler (Eye – Eyes)

Kömür - Kömürler (Coal – Coal)

Araba

Araba +lar ⟶ **Arabalar**

 Here are some more examples

Onun tırnakları çok güzel.
Her nails are very beautiful.

Senin kedilerin çok minik.
Your cats are so tiny.

Bu çiçekler çok renkliler.
These flowers are very colourful.

Benim ağabeylerim lisedeler.
My big brothers are in high school.

Senin tırnakların çok güzel!

Çok teşekkür ederim.

There is an <u>exception to this rule</u> when the object is used with numerals.

Two **bottles of wine:**
İki şişe şarap (not şişeler).

Four **cars are moving:**
Dört araba hareket ediyor (not arabalar).

Three **days ago:**
Üç gün önce (not günler)

As you can see, when the expressions are consisting of numerals, the objects do not form in a plural way.

Üç şişe şarap (**NOT** şişeler)

Dört tane kitap (**NOT** kitaplar)

YOUR TURN

Choose the right suffix for the noun to make it plural!
Make sure to add the possessive suffixes as well.

Benim el..................... çok kuru.
My hands are very dry.

Senin göz.................... mavi.
Your eyes are blue.

UNIT 20: PREPOSITIONS AFTER/BEFORE
Edatlar önce/sonra

The prepositions after (sonra) and before (önce) can be used with nouns or verbs.

1. Prepositions after/before (with nouns) – Edatlar önce/sonra (isimlerle kullanımı)

In Turkish we use **önce** for earlier than the time or event mentioned and **sonra** for later than the time or event mentioned.

However, it requires **den** or **dan** attached to the event that is mentioned!

a. Follow the vowel harmony rules to find the right suffix.

a, ı, o, u   dan   e, i, ö, ü   den

Examples / Örnekler

sonra	**önce**
Parti**den** sonra: after the party	Parti**den** önce: before the party
Spor**dan** sonra: after the exercise	Spor**dan** önce: before the exercise
Bugün**den** sonra: after today	Yarın**dan** önce: before tomorrow

b. Use Charlie's rule for the suffix change of ten/tan

Charlie **S**aw **H**is **K**ind **F**riendly **P**arents **S**ewing **Sh**eets **T**ogether

Ç, S, H, K, F, P, Ş, T

WHEN THE EVENT WORDS END WITH ONE OF THESE CONSONANTS, USE -ten or -tan
(Remember the Vowel harmony Rule!)

Example / Örnek

Yemek**ten** **önce**: before dinner   Satış**tan** **sonra**: after the sale

 Here are some more examples

Words/kelimeler

Atatürk: Founder of Turkey   Dü-ün: ---din-

Düğünden sonra çok eğlendik.   We enjoyed ourselves after the wedding.

Atatürk'ten önce her yerde savaş vardı.   Before Atatürk there was war everywhere.

Find the right suffix (dan/den - tan/ten)

Sokak.........   sonra: after the street

Okul..........   önce: before the school

Sen...........   sonra: after you

2. Prepositions after/before (with verbs) - Edatlar önce/sonra (fiillerle kullanımı)

a. Use of before (önce) with verbs requires the suffixes madan or meden (according to the vowel harmony) and followed by the word önce.

- **Verb+meden/madan + <u>önce</u>**

- **Then follow the vowel harmony rules;**

a,ı,o,u: madan önce   e,i,ö,ü: meden önce

For the verb
<u>gelmek: to come</u>   <u>kalmak: to stay</u>

Ben gelmeden önce: Before I came   Ben kalmadan önce: Before I stayed

Sen gelmeden önce: Before you came   Sen kalmadan önce: Before you stayed

---

b. Use of after (sonra) with verbs requires the suffixes -dikten -dıktan -duktan -dükten (according to the vowel harmony rules) followed by the word sonra.

- **Verb+dikten + <u>sonra</u>**

- **Then follow the vowel harmony rules;**

a-ı: **dıktan** sonra   e-i: **dikten** sonra   o-u: **duktan** sonra   ö-ü: **dükten** sonra

For the verb
<u>gelmek: to come</u>   <u>kalmak: to stay</u>

Ben geldikten sonra: After I came   Ben kaldıktan sonra: After I stayed

Charlie Saw His Kind Friendly Parents Sewing Sheets Together

Ç, S, H, K, F, P, Ş, T

WHEN THE EVENT WORDS END WITH ONE OF THESE CONSONANTS, USE -tikten- tıktan, tuktan, tükten (Remember the Vowel harmony Rule!)

Ben yap**tıktan** sonra: After I do it   Sen düş**tükten** sonra: After you fell over

Here are some more examples

Çocuklar: children   Dilek: wish   Yemek: dinner   Kitap: book

İzlemek: to watch   Dilek tutmak: to make a wish   Yemek yemek: to eat dinner

Sen Türkiye'ye gitmeden önce bu kitabı okuyabilirsin.
Before you go to Turkey, you can read this book.

Sen Türkiye'ye gittikten sonra bu kitabı okuyabilirsin.
After you go to Turkey, you can read this book.

Çocuklar uyuduktan sonra film izleyebiliriz.
After the children are asleep, we can watch the film.

Ben yemek yemeden önce hep dilek tutarım.
Before I start eating dinner, I always make a wish.

EXERCISES /ALIŞTIRMALAR

UNIT 17:

Read the letter and translate it into English.

Kelimeler/Words

Benim Doğum günüm: My Birthday

Biliyorsun: You know

Biliyorsun ki: You know that

Çarşamba: Wednesday

Dans etmek: Dancing /To dance

Dil öğrenmek: To learn a language

Doğum günü: Birthday

Harika: Wonderful

Hatay: A city in Turkey

Hayat: Life

Şimdi: Now

Kendimden bahsetmek:
Talk about myself

Kutlamak: To celebrate

Okul: School

Öğrenci: Student

Öğrenciler: Students

Perşembe: Thursday

Umarım: I hope

Yarın: Tomorrow

Yaşındayım: I am years old

Sevgili Mektup Arkadaşım Eda,

Merhaba, nasılsın? Umarım iyisindir. Ben çok iyiyim. Biraz kendimden bahsedeyim. Ben şimdi yirmi altı (26) yaşındayım.

Bugün Çarşamba, Yarın Perşembe ve Yirmi Dokuz Ekim. Yarın benim doğum

Ben şimdi öğretmenim. Okul çok harika. Öğrenciler harika. Her şey harika. Benim hobilerim dans etmek ve dil öğrenmek.

Ben kendimden bahsettim. Şimdi sen kendinden bahset.

Sevgiler.

Mektup Arkadaşın Seda.

UNIT: 18

Fill the gaps with ile (written separately/ araba ile) or le/la (written as one word arabayla)

Mektup posta......... geldi.   The letter came by post.

Tom işi.......... mutlu.   Tom is happy with his job.

Ben arkadaş......... tiyatroya gittim.   I went to the theatre with a friend.

Bisiklet.......... mi geliyor?   Is he coming by bike?

Evden işe araba......... beş dakika.   From home to work is 5 minutes by car.

Translate these sentences into English

Yağ suyla karışmaz.

....

Benimle gel.

....

Uçak ile seyahat ederim.

....

UNIT 19:

Find the correct plural suffix for each word.

E.g. Pilot (pilot) - Pilotlar (pilots)

Kelebek (butterfly)	Kelebek.........	(butterflies)
Kutu (box)	Kutu..............	(boxes)
Yatak (bed)	Yatak............	(beds)
Yüzük (ring)	Yüzük...........	(rings)

Fill in the gaps with the <u>plural suffixes</u> -ler or -lar

E.g. **Kalemler: Pencils   Kitaplar: Books**

Bu sınıfta sandalye........... yeşil.   In this classroom the chairs are green.

Göz............ in çok güzel.   Your eyes are very beautiful.

Kitap........... çok pahalı.   The books are very expensive.

İkiz........... büyüyorlar.   The twins are growing up.

Arkadaş...........ım geliyorlar.   My friends are coming.

Translate these sentences into English.

Tabaklar beyaz. ....

Oyuncaklar çok yumuşak. ....

Bu çicekler senin. ....

UNIT 20

Select an answer for each question.

1) Bu meyveleri ne zaman yıkamalıyız? When should we wash these fruits?

A) Yemeden önce

B) Yedikten sonra

C) Yerken

2) Şemsiyeyi ne zaman açmalıyım? When should I open the umbrella?

A) Yağmurdan önce

B) Yağmurdan sonra

C) Yağmur yağarken

3) İlacımı ne zaman içmeliyim? When should I take my medicine?

A) Hasta olmadan önce

B) Hasta olduktan sonra

C) İyileştikten sonra

Read and translate.

Okuldan önce ve okuldan sonra;

Ben okuldan önce kahvaltı yaparım. Kahvaltıdan sonra dişlerimi fırçalarım.

Annemi öptükten sonra otobüs beklerim. Okula vardıktan sonra sınıfa koşarım.

Sandalyede oturduktan sonra kitap okurum. Okuldan sonra eve giderim.

UNIT 21: SIMPLE PAST TENSE POSITIVE
Geçmiş zaman olumlu-di

I came to the school. Ben okula geldim.

In Turkish we use the suffix -di when we talk about the past.

These are the rules to follow

- **Subject verb+di + personal ending.**

  Özne   fiil+di+kişilik eki

- **Follow the vowel harmony rule!**

a-ı: dı   e-i: di

o-u: du   ö-ü: dü

- **Remember Charlie's Rule**

Charlie **S**aw **H**is **K**ind **F**riendly **P**arents **S**ewing **S**heets **T**ogether

Ç, S, H, K, F, P, Ş, T

If the word ends with one of these special
consonants use the suffix -ti instead of the suffix -di.

Personal suffixes for each pronoun

Ben	m
Sen	n
O	NO SUFFIX/EK YOK
Biz	k
Siz (plural or formal)	nız, niz, nuz,nüz (according to VOWEL HARMONY
Onlar	ler/lar

Biz düşündük ve taşınmaya karar verdik.

İyi fikir. Hayırlısı olsun.

Examples / Örnekler

Conjugating the verb -think / - düşün

Ben düşün**düm**	I thought	Biz düşün**dük**	We thought
Sen düşün**dün**	You thought	Siz düşün**dünüz**	You thought
O düşün**dü**	He/she/it thought	Onlar düşün**düler**	They thought

Ben geldim!

⭐ **Here are some more examples**

O bütün gün uyudu.
He slept all night.

Onlar bana iki kitap verdiler.
They gave me two books.

Ben bütün yorumları okudum.
I read all the comments.

(Taken from Holiday Dialogue Book /Social Media. Check for the full dialogue)

Conjugate the verbs given below for all the personal pronouns.

Ben **gel+di+m**	Ben geldim	I came.
Sen **kal+dı+n**	Sen kaldın	You stayed.

UNIT 22: SIMPLE PAST TENSE NEGATIVE
Geçmiş zaman olumsuz -me+di -ma+dı
I didn't come to school. Ben okula gelmedim.

In Turkish grammar, in order to describe actions or events that did not happen in the past, it is important to remember the negative suffixes of -ma and -me.

• **First, add the negative suffix -me/ma after the verb root and before the past tense suffix of di. If the verb root has one of the thick/ dotless vowels (a,ı,o,u), you have to add -ma to the verb root. If the verb root has one of the thin dotted vowels (e,i,ö,ü) you have to add -me.**

a,ı,o,u: ma   **e,i,ö,ü: me**

• **Second, add the correct past tense suffix -di according to the vowel harmony rules.**

ma+dı   **me+di**

• **Finally, add the past tense personal suffix.**

Personal Pronoun	Past Tense Personal Suffix
Ben (I)	m
Sen (you)	n
O (she/he/it)	No suffix needed
Biz (we)	k
Siz (you)	nız or niz (vowel harmony; dı-nız/di-niz)
Onlar (they)	lar or ler (vowel harmony; dı-lar/di-ler)

Verb + ma/ me + past tense suffix -di + personal suffix

Fiil + ma/m + geçmiş zaman eki -di + kişilik eki

Examples / Örnekler

Conjugating the verb -come / - gel

Ben gel + me + di + m   -   **gelmedim** - I didn't come.

Sen gel + me + di + n   -   **gelmedin** - You didn't come.

O gel + me + di   -   **gelmedi** - She/he/it didn't come.

Biz gel + me + di + k   -   **gelmedik** - We didn't come.

Siz gel + me + di + niz   -   **gelmediniz** – You didn't come.

Onlar gel + me + di + ler   -   **gelmediler** – They didn't come.

Bugün hiç ilaç aldınız mı?

Hayır, bugün ben hiç ilaç almadım.

☆ Here are some more examples

Almak: to have/take

Hayır, ben hiç ilaç almadım.

(**al**: have/take **dı**: Past tense suffix
m: personal ending for ben/ past tense)

No, I didn't take any medicines.

(see the Holiday Dialogue book/at the hospital for the full dialogue)

YOUR TURN

Conjugate the verbs given below for all the personal pronouns.

Sen kal+ma+dı+n
Sen kalmadın/ You didn't stay.

O   gül+me+di
O gülmedi/ He didn't laugh.

UNIT 23: SIMPLE PAST TENSE QUESTION:
Geçmiş Zaman Soru Eki: mı / mi / mu / mü
Did I come to school? Ben okula geldim mi?

If you want to ask a question in the past tense, follow the simple past tense rule structure and add one of the -mi-mı-mu-mü- question suffixes according to the vowel harmony rules. The question suffixes mı / mi / mu / mü are always written separately.

Verb + di + personal suffix + mi

Examples / Örnekler

Conjugating the verb -know / -bil

Ben bil+di+m+mi?	Ben bildim mi?	Did I know?
Sen bil+di+n+mi?	Sen bildin mi?	Did you know?
O bil+di+mi?	O bildi mi?	Did he/she/it know?
Biz bil+di+k+mi?	Biz bildik mi?	Did we know?
Siz bil+di+niz+mi?	Siz bildiniz mi?	Did you (plural/formal) know?
Onlar bil+di+ler+mi?	Onlar bildiler mi?	Did they know?

⭐ **Here are some more examples**

Almak: to have/take   Sen hiç ağrı kesici aldın mı?

(**al: have/take**   dı: Past tense suffix n: personal suffix mı: Question suffix)

Did you have any pain killers? *(see the Holiday Dialogue book/at the hospital for the full dialogue)*

Conjugate the verbs given below for all the personal pronouns and add the appropriate question suffix according to the vowel harmony rules.

Ben yıka+dı+m+mı?
Ben yıkadım mı? Did I wash?

Biz uyu+du+k+mu?
Biz uyuduk mu? Did we sleep?

Sen gel+di+n+mi?
Sen geldin mi? Did you come?

Siz sev+di+niz+mi?
Siz sevdiniz mi? Did you love?

EXERCISES /ALIŞTIRMALAR

UNIT 21/22/23

SİMPLE PAST TENSE

Put the verbs into the simple past:

Geçen yıl İngiltere'ye _____ (gitmek).
Last year, I went to England.

Dün bir kedi _____ (görmek).
Yesterday, I saw a cat.

İki gün önce, ona biraz para _____ (vermek).
Two days ago, I gave him some money.

Geçen ay annemi _____ (ziyaret etmek).
Last month, I visited my mum.

Make questions in the simple past tense.

Aramak: To phone

Did I phone you yesterday?

Dün seni _____ ____?

Gitmek: To go

Did you go to the cinema last night?

çmek: **To drink**

Did Ali drink water today?

Ali bugün _____ ___?

Fill in the box with the past tense positive, negative and question sentences (The first one has been done for you).

Olumlu/Positive	Olumsuz/Negative	Soru/Question
Sen kahvaltı yaptın. You had breakfast.	Sen kahvaltı yapmadın. You didn't have breakfast.	Sen kahvaltı yaptın mı? Did you have breakfast?
O ekmek aldı. He bought bread.	O ekmek .... He didn't buy bread.	O ekmek ....? Did he buy bread?
Biz daha önce bu eve .... We came to this house earlier.	Biz daha önce bu eve gelmedik. We didn't come to this house earlier.	Biz daha önce bu eve ....? Did we come to this house earlier?
Ben dün seni gördüm. I saw you yesterday.	Ben seni .... I didn't see you yesterday.	Ben dün seni gördüm mü? Did I see you yesterday?

UNIT 24: PRESENT CONTINUOUS TENSE POSITIVE
Şimdiki Zaman -(i)yor. I am reading. Ben kitap okuyorum.

In Turkish Grammar we use -i-yor (ing) attached to the verb when we are talking about events or actions happening at the moment of speaking.

These are the rules to follow

- **Verb+ (i)+yor+ personal ending**

Okumak: To read   Pişirmek: To cook

Vowel-ending verbs+yor+personal ending: okuyor: he is reading

Consonant-ending verbs+iyor+personal ending: pişiriyorsun: you are cooking

- **With consonant-ending verbs the i needs to change according to the vowel harmony rule.**

Last vowel a-ı: ıyor **e-i:** iyor **o-u:** uyor **ö-ü:** üyor

Gel+i+yor: He is coming   Gör+ü+yor: He is seeing   Bak+ı+yor: He is looking

Examples / Örnekler

Yapmak: to do Conjugating the verb - do/ yap-

Ben yap + ıyor + um:	yapıyorum	I am doing.
Sen yap + ıyor + sun:	yapıyorsun	You are doing.
O yap + ıyor:	yapıyor	He/she/it is doing.
Biz yap + ıyor + uz:	yapıyoruz	We are doing.
Siz yap + ıyor + sunuz:	yapıyorsunuz	You are doing.
Onlar yap +ıyor+lar:	yapıyorlar	They are doing.

> Pişince beni çağırır mısın? Odama gidiyorum. 3
>
> Çorba yapıyorum 2
>
> Ne pişiriyorsun? 1

Here are some more examples

Ben şimdi kuaföre gidiyorum. I am now going to the hairdresser.

Sevmek: To love
Conjugate the verb - love/ sev- (Ben has been done for you)

Ben seviyorum. I am loving.   Biz ....

UNIT 25: PRESENT CONTINUOUS TENSE NEGATIVE

Şimdiki Zaman olumsuz: -mi +yor

I am not reading.
Ben kitap okumuyorum.

In Turkish grammar, in order to use a negative form of a sentence we add -ma or me to the verb stem. However, due to usage of the -yor (-ing) suffix the -me suffix narrows down to -mi suffix.

We use -mi-yor (not -ing) attached to the verb stem when we are talking about events or actions not happening at the moment of speaking.

This is the structure to follow

Verb+mi+yor+personal ending

Fiil+ mi+yor+kişi eki

(mi/mı/mu/mü according to the vowel harmony)

If the last vowel of the verb is

a-ı: mı   e-i: mi   o-u: mu   ö-ü: mü

Examples / Örnekler

Ben git-mi-yor-um	gitmiyorum	I am not going.
Sen konuş-mu-yor-sun	konuşmuyorsun	You are not speaking.
O düşün-mü-yor	düşünmüyor	He is not thinking.
Biz gör-mü-yor-uz	görmüyoruz	We are not seeing.
Siz gel-mi-yor-sunuz	gelmiyorsunuz	You are not coming.
Onlar kal-mı-yor-lar	kalmıyorlar	They are not staying.

Neden partiye gelmiyorsunuz?

Sadece ben gelmiyorum, çünkü şehir dışında olacağım. Ama Kaan geliyor.

Ben oku-**mu**-**yorum**	okumuyorum	I am not reading.
Sen oku-**mu**-**yorsun**	okumuyorsun	You are not reading.
O oku-**mu**-**yor**	okumuyor	He/She/It is not reading.
Biz oku-**mu**-**yoruz**	okumuyoruz	We are not reading.
Siz oku-**mu**-**yorsunuz**	okumuyorsunuz	You are not reading.
Onlar oku-**mu**-**yorlar**	okumuyorlar	They are not reading.

Here are some more examples

Gelmek: To come

Eğlenmek: To have fun

Yürümek: To walk

Onlar partiye seninle gelmiyorlar.
They're not coming to the party with you.

O eğlenmiyor.
He is not having fun.

Onlar birlikte yürümüyorlar.
They are not walking together.

2

Hayır, onlar gelmiyorlar.

1

Kardeşleri Kaan ile birlikte geliyorlar mı?

YOUR TURN

Kahvaltı yapmak: to have breakfast

Conjugate the verb -have breakfast: kahvaltı yap- for each person (Ben has been done for you).

Ben kahvaltı yapmıyorum. I am not having breakfast.

Sen ....

O ....

Biz ....

Siz

UNIT 26: PRESENT CONTINUOUS TENSE QUESTION
Şimdiki Zaman sorusu -mu suffix
Am I reading a book? Ben kitap okuyor muyum?

Check the rules for the present continuous tense positive.

Verb +(i)yor **+mu+** personal ending

Write suffix -mu **separately to the verb**

They pronoun structure is different to the rest;
fiil+(i)yor+kişi eki+mı/mi

(Geliyorlar mı / Are they coming?)

Examples / Örnekler

Yürümek: to walk   Giymek: to wear

Gitmek: to go   Dinlemek: to listen

Gülmek: to laugh   Ayrılmak: to leave

Almak: to take

Ben yürüyor **muyum**?
Am I walking?

Sen şapkanı giyiyor **musun**?
Are you wearing your hat?

Onlar Türkiye'ye gidiyorlar **mı**?
Are they going to Turkey?

Sen beni dinliyor **musun**?
Are you listening to me?

O şimdi gülüyor **mu**?
Is he laughing now?

Biz şimdi otelden ayrılıyor **muyuz**?
Are we leaving the hotel now?

Yapmak: To do

Conjugating the verb-do/-yap

Ben yap +ıyor mu+y+um:	yapıyor muyum?	Am I doing?
Sen yap +ıyor mu+sun:	yapıyor musun?	Are you doing?
O yap +ıyor mu:	yapıyor mu?	Is he doing?
Biz yap +ıyor mu+y+ uz:	yapıyor muyuz?	Are we doing?
Siz yap +ıyor mu+sunuz:	yapıyor musunuz?	Are you doing?
Onlar yap +ıyor+lar mı:	yapıyorlar mı?	Are they doing?

 <u>Here are some more examples</u>

Öğrenmek: To learn

Dinlemek: To listen

Sen Türkçe öğreniyor musun?	Are you learning Turkish?
O beni dinliyor mu?	Is she listening to me?
Sen haberleri izliyor musun?	Are you watching the news?

Gitar çalmak: To play the guitar
Conjugate the verb - play guitar/ gitar çal- (Ben has been done for you).

Ben gitar çalıyor muyum?   Am I playing the guitar?

Sen ....

O ....

Biz ....

Siz ....

EXERCISES /ALIŞTIRMALAR

UNIT 24/25/26

PRESENT CONTINUOUS TENSE

Translate these sentences into English.

1-Ben arkadaşımın evine gidiyorum.

_____

2- Eda ve Seda yardım ediyorlar.

_____

3- Onlar pilav pişiriyorlar.

_____

4- O şu anda otelde kalıyor.

_____

5- O şimdi mesaj yazıyor.

_____

6- Ahmet ve Rana evde kitap okuyorlar.

_____

7- Biz sohbet ediyoruz.

_____

8- Gunesh şimdi Türkçe konuşuyor.

_____

B) Translate these sentences into Turkish.

Oya is cleaning the room now.

_____

Is your mother drinking a glass of wine?

_____

The children aren't eating their fruit.

_____

C) Fill in the box with the present continuous tense positive, negative and question sentences (The first one has been done for you).

Olumlu/Positive	Olumsuz/Negative	Soru/Question
Ben müzik dinliyorum. I am listening to music.	Ben müzik dinlemiyorum. I am not listening to music.	Ben müzik dinliyor muyum? Am I listening to music?
Günay fen bilimleri okuyor. Günay is studying science.	Günay fen bilimleri .... Günay isn't studying science.	Günay fen bilimleri okuyor mu? Is Günay studying science?
Alisya ve Venüs .... Alisya and Venüs are running.	Alisya ve Venüs koşmuyorlar. Alisya and Venüs aren't running.	Alisya ve Venüs ....? Are Alisya and Venüs running?
Babam bana	Babam bana bakmıyor. My dad isn't looking at me	Babam bana ....?

I work every day. Ben her gün çalışırım.

This tense, also known as the Aorist Tense, is used to indicate that the action has always been, is, or will be done and to express routines, habits, facts and/or scheduled events in the future. The simple present structure is created by adding the suffix -r for vowel-ending verbs and ar, er, ır, ir, ur, ür for consonant-ending verbs.

These are the rules to follow;

- **Verb (ends with vowel) +r+ personal ending**

Okumak: To read

Ben okurum: I read

Aramak: To call

Sen ararsın: You call

- **Verb (consonant-ending /one syllable) +ar/er personal ending**

Ben duyarım: I hear   **Sen giyersin:** You wear   **O sever:** He loves

However, there are 13 verbs (one syllable) that <u>do not</u> follow this rule:

Görmek: to see

Gelmek: to come

Bulmak: to find

Almak: to take

Bilmek: to know

Ölmek: to die

Vermek: to give

Durmak: to stop

Kalmak: to stay

Olmak: to be

Sanmak: to assume

Varmak: to arrive

Vurmak: to hit

These verbs follow the ir/ır/ur/ür suffixes according to the vowel harmony.

Ben gelirim: I come.

Gelmek: To come
Ben gelirim: I come

Sen görürsün: You see.

Bulmak: To find
Sen bulursun: You find

O alır: She/he takes.

Vermek: To give
O verir: She/he gives

• **Verb** (consonant-ending +more than one syllable) + ir/ır/ur/ür + personal ending

<u>Öğrenmek:</u> To learn

<u>Konuşmak:</u> to talk

Examples / Örnekler

Kitap: book	Alışveriş: shopping	Okumak: to read
Kız: girl	Her gün: every day	Her sabah: every morning
Süt: milk	Yemek: to eat dinner	Her gece: every night
Akşam: evening	Hafta sonu: weekend	Kahvaltı: breakfast
Masal: story/tale	Kızım: my daughter	Kızıma: to my daughter

Akşamları saat 7'de yemek yerim.	I eat dinner at 7 o'clock in the evening.
Hafta sonları alışverişe giderim.	I go shopping at the weekend.
Her gün kahvaltıda süt içerim.	I drink milk for breakfast every day.
Her sabah kitap okurum.	I read a book every morning.
Her gece kızıma masal okurum.	Every night, I read a story to my daughter.

 ## Here are some more examples

Ben Salı günleri Londra'da çalışırım.	I work in London on Tuesdays.
Sen her sabah su içersin.	You drink water every morning.
Biz her Çarşamba Paris'e uçarız.	Every Wednesday, we fly to Paris.
Ben her Cuma piyano çalarım.	Every Friday, I play piano.
Sen her Pazartesi gitar çalarsın.	Every Monday, you play guitar.
Okul saat dokuzda başlar.	The school starts at nine o'clock.
Ben her zaman tarçınlı kek yerim.	I always eat cinnamon cake.

YOUR TURN

Yemek pişirmek: To cook
Conjugate the verb - cook / yemek pişir- (Ben has been done for you).

Ben yemek pişiririm   I cook

Sen ....

O ....

Biz ....

Siz

UNIT 28: PRESENT SIMPLE TENSE NEGATIVE
Geniş Zamanın Olumsuzu
I don't work every day. Ben her gün çalışmam.

The negative version of the simple present tense is formed by the negativity suffix -mez or -maz, except for the 1st singular and plural/ Ben and Biz - me, -ma.

Ben Salıları gelmem: I don't come on Tuesdays.

Sen erken uyanmazsın: You don't wake up early.

O İngilizce bilmez: He doesn't know English.

Verb + me(z)/ma(z) + personal ending

Fiil+ me(z)/ma(z)+kişi eki

Conjugating the verb-work/- çalış
Çalışmak: To work

Ben çalış-ma-m	çalışmam	I don't work.
Sen çalış-maz-sın	çalışmazsın	You don't work.
O çalış-maz	çalışmaz	She/he/it doesn't work.
Biz çalış-ma-y-ız	çalışmayız	We don't work.
Siz çalış-maz-sınız	çalışmazsınız	You (plural/formal) don't work.
Onlar çalış-maz-lar	çalışmazlar	They don't work.

Here are some more examples

Pardon, ben saçım için hiç hacim istemem.
Sorry, I don't want any volume in my hair.

Sen arabayı her gün sürmezsin.
You don't drive the car every day.

Onlar pencereleri sık sık açmazlar.
They don't open the windows often.

O Fransa'da yaşamaz.
She doesn't live in France.

I don't read a book ever day.
Ben her gün kitap okumam.

Yemek pişirmek: To cook

Conjugate the verb - cook / yemek pişir-
(Ben has been done for you).

Ben yemek pişirmem   I don't cook.

Sen ....

O ....

Biz ....

Siz ....

UNIT 29: PRESENT SIMPLE TENSE QUESTION
Geniş Zamanın Sorusu

Do you cook? Sen yemek pişirir misin?

The question version of the simple present tense is formed by the question suffixes -mi-mı-mu-mü according to the vowel harmony rule.

a-ı: mı   e-i: mi   o-u: mu   ö-ü: mü

verb + r + mi + personal ending

fiil+r+mi+kişi eki

Examples/ Örnekler

Sen beğen-**ir mi-sin?**	beğenir misin?	Do you like?
Ben kullan-**ır mı-y-ım?**	kullanır mıyım?	Do I use?
O düşün-ür -mü?	düşünür mü?	Does he think?

Conjugating the verb-go/- git

Gitmek: To go

(The consonant -t at the end of the verb git changes to -d when followed by a suffix that begins with a vowel)

Ben gider miyim?	Do I go?
Sen gider misin?	Do you go?
O gider mi?	Does he go?
Biz gider miyiz?	Do we go?
Siz gider misiniz?	Do you go?
Onlar giderler mi?	Do they go?

Here are some more examples

Yazın yağmur yağar mı?
Does it rain in the summer?

Sen her gün makarna yer misin?
Do you eat pasta every day?

Kediler denizi severler mi?
Do cats like the sea?

O her gün şarkı söyler mi?
Does she sing ever day?

Sen her sabah koşar mısın?
Do you run every morning?

Sen saçının çok kısa olmasını ister misin?
Do you want it to be very short?

(Holiday Dialogue Book /At the barber)

Yemek pişirmek: To cook

Conjugate the verb - cook / yemek pişir (Ben has been done for you).

Ben yemek pişirir miyim?

Sen... Do you cook?

O .... Does He/She /It cook?

Biz... Do we cook?

Siz .... Do you (plural/formal) cook?

EXERCISES /ALIŞTIRMALAR

UNIT 27/28/29

PRESENT SIMPLE TENSE

Read and answer the questions.

Kelimeler/Words

Anne: mum

Annem: my mum

Anneme: to my mum/for my mum

Araba: car

Arkadaş: friend

Arkadaşlar: friends

Arkadaşlarım: my friends

Arkadaşlarımla: with my friends

Cevap vermek: to answer

deniz ürünleri: sea food

Çıkmak: to leave

Çiçek: flower

Duş: shower

Ev: house

Evden: from home

Her: every

İlk önce: first

İş: work

Kahvaltı: breakfast

Kalkmak: to get up

Kontrol etmek: to check

Öğle yemeği: lunch

Sabah: morning

Benim bir günüm;

Ben her sabah saat 7:00'de kalkarım. İlk önce duş alırım. Sonra, saat 7:30'da
kahvaltı yaparım. Kahvaltıdan

gitmem. Saat 12:00'de öğle yemeği yerim. Bazen salata yerim. Bazen domates soslu makarna yerim. Ama deniz ürünleri yemem. İşten saat 4:00'te ayrılırım. Saat 5:00'te arkadaşlarımla sinemaya giderim. Onlar bana her zaman pek çok soru sorarlar. Bende cevap veririm. Her akşam anneme çiçek alırım. Saat 8:00'de eve gelirim. Biraz müzik dinlerim ve uyurum.

1) Saat 7:00'de ne yaparım?

a) yemek yerim

b) şarkı söylerim

c) kalkarım

2) Sabah kalktıktan sonra ne yaparım?

a) alışverişe giderim

b) ilk önce duş alırım

c) kitap okurum

3) Saat kaçta evden çıkarım?

a) saat birde

b) saat ikide

4) Öğle yemeğinde ne yemem?

a) deniz ürünleri

b) makarna

c) salata

5) Arkadaşlarım bana soru sorar mı?

a) onlar bana soru sormaz

b) onlar konuşmaz

c) onlar bana soru sorarlar

UNIT 30: FUTURE TENSE POSITIVE

Gelecek Zaman olumlusu - I will win. Ben kazanacağım.

In order to generate a sentence in the future tense to indicate a future activity or a future state of being, we use the suffix -ecek or -acak based on the vowel harmony rules.

Three rules to follow.

- **Look at the last vowel of the verbs and use the suffix accordingly.**

  a,ı,o,u: acak   **e,i, ö,ü:** ecek

- **For the first persons (ben and biz) the letter k (in ecek/acak) changes to ğ (acağ/eceğ).**

  Ben yap-**acağ-ım**: I will do it   Biz öde-**y-eceğ-iz**: We will pay

- **Verb +** acak/ecek **+ personal ending**
  Fiil+acak/ecek+kişi eki

Examples/ Örnekler

Ben bir bisiklet alacağım.
I will buy a bike.

Sen sinemaya gideceksin.
You will go to the cinema.

Onlar uyuyacaklar.
They will sleep.

Conjugating the verb- play /- oyna Oynamak: To play

Ben oyna-y-acağ-ım	oynayacağım	I will play
Sen oyna-y-acak-sın	oynayacaksın	You will play
O oyna-y-acak	oynayacak	She will play
Biz oyna-y-acağ-ız	oynayacağız	We will play
Siz oyna-y-acak-sınız	oynayacaksınız	You will play
Onlar oyna-y-acak-lar	oynayacaklar	They will play

(y: keeps two vowels apart. See unit 6 about the y buffer for more information**).**

Koşmak: to run **Conjugate the verb - run /koş -** (Ben has been done for you).

Ben koşacağım: I will run

Sen ....

O ....

Biz ....

UNIT 31: FUTURE TENSE NEGATIVE - Gelecek Zaman olumsuzu

I will not sleep. Ben uyumayacağım.

When expressed in its negative form in Turkish, the future tense is formed by adding the suffix -me or-ma to the verb stem.

- **Verb+me/ma+ecek+personal ending**

  Fiil+me/ma+y+ecek+kişi eki   (a,ı,o,u: ma / e,i,ö,ü: me)

- **gel+me+y+ecek+sin: You won't come**
  (you don't have to add sen to make the person "you" but make sure you use the **personal ending for that person**)

  (**gel: verb stem for come** + me: negative suffix + y: separates two vowels + ecek: future tense suffix + sin: personal ending for you)

- The future suffix -ecek changes according to the vowel harmony and the person. **Remember for the first persons (ben and biz) the letter k (in ecek/acak) changes to ğ (acağ/eceğ).**

- Remember the buffer y: keeps two vowels apart.
  See unit 6 about the -y buffer for more information)

Hava yarın
iyi olmayacak.
Parçalı bulutlu,

Example/ Örnek

Çalışmak: to work

Gitmek: to go

Hava: weather

İçmek: to drink

Biz) çalışmayacağız.

Sen) yarın İzmir'e gitmeyeceksin.

Ben) meyve suyu içmeyeceğim.

Hava yarın iyi olmayacak.

We will not work.

You will not go to Izmir tomorrow.

I will not drink fruit juice.

The weather will not be fine tomorrow.

Conjugating the verb- play /- oyna

Oynamak: To play

Ben oyna-**ma**-y-**acağ**-ım	oynamayacağım	I will not play.
Sen oyna-**ma**-y-**acak**-sın	oynamayacaksın	You will not play.
O oyna-**ma**-y-**acak**	oynamayacak	She will not play.
Biz oyna-**ma**-y-**acağ**-ız	oynamayacağız	We will not play.
Siz oyna-**ma**-y-**acak**-sınız	oynamayacaksınız	You will not play.
Onlar oyna-**ma**-y-**acak**-lar	oynamayacaklar	They will not play.

(y: keeps two vowels apart. *See the unit 6 about the y buffer for more information*)

Sen oynayacak mısın?

⭐ Here are some more examples

Biz bu yaz tatile gitmeyeceğiz.
We won't go on holiday this summer.

Gelecek yıl biz sizin evinize gelmeyeceğiz.
We won't come to your house next year.

Şimdi oynamayacağım. Eve gideceğim. Ama yemekten sonra oynarım.

YOUR TURN

Gelmek: to come
Conjugate the verb - come /gel - (Ben has been done for you).

Ben **gelmeyeceğim.**

Biz.....................................

UNIT 32: FUTURE TENSE QUESTION
Gelecek Zaman Sorusu

Will I pay? Ben ödeyecek miyim?

To create a question form of the future tense you add -mi or mı

- **Verb+ecek+mi+personal ending**   Fiil+ecek+mi+personal ending

- **Remember the suffix -mi is always written separately.**

Example/ Örnek

Alışveriş: Shopping

Gelecek hafta: Next week

Alışverişe gitmek: To go shopping

Gülmek: To laugh   Para: Money

Çorba: Soup

Some: Biraz

Sen gülecek misin?   Will you laugh?

O çorbasını içecek mi?   Will he drink his soup?

Annem yarın alışverişe gidecek mi?   Will my mum go shopping tomorrow?

Ben gelecek hafta biraz para kazanacak mıyım?   Will I earn some money next week?

Conjugating the verb- play /- oyna

Oynamak: To play

Ben oyna-y-acak-mı-y-ım?	oynayacak mıyım?	Will I play?
Sen oyna-y-acak-mı-sın?	oynayacak mısın?	Will you play?
O oyna-y-acak-mı?	oynayacak mı?	Will she play?
Biz oyna-y-acak-mı-y-ız?	oynayacak mıyız?	Will we play?
Siz oyna-y-acak-mı-sınız?	oynayacak mısınız?	Will you play?
Onlar oyna-y-acak-lar mı?	oynayacaklar mı?	Will they play?

(y: keeps two vowels apart. *See the unit 6 about the y buffer for more information***)**

Sen oynayacak mısın?

Evet, oynayacağım. Ara verecek misin?

Gitmek: to go. Conjugate the verb - go/git - (Ben has been done for you).

Ben gidecek miyim? Will I go?

Sen ....Will you go?   Biz......................... Will we go?

Onlar.................... Will they go?   O.................... Will he/she/it go?

EXERCISES /ALIŞTIRMALAR

UNIT 30/31/32

Read the dialogue and answer the comprehension questions (Highlighting the future tense suffix -will -acak, -ecek will help you to understand better)

Kelimeler/Words

Akdeniz yemekleri: Mediterranean food

Az sonra: a little later

Bence: In my opinion

Bu yüzden: This is why

Dışarı çıkmak: To go out

Güneş: Sun

Güneşli: Sunny

Güvenmek: To trust

Eğlenmek: To enjoy

Et: Meat

Hediye: Present

Hoşgeldin: Welcome (it is said to someone who enters your house).

Hoşbulduk: It is said to someone who welcomes you in.

Umut: Hope

Umutlu: With hope

Umutluyum: I am hopeful

Merhaba: Hello

Saat kaç?: What time?

Saat kaçta?: At what time?

Sipariş etmek: To order

Yağmur yağmak: To rain

Aylin: Merhaba. Hoşgeldin.

Ceylan: Merhaba. Hoşbulduk. Nasılsın? Dışarı çıkalım mı?

Aylin: İyiyim. Teşekkür ederim. Şimdi saat 12:00 ve hava çok iyi değil. Yağmur yağıyor. Dışarı çıkmak istiyorum ama sanırım bütün gün yağmur yağacak.

Ceylan: Ben umutluyum. Bence, az sonra hava güneşli olacak.

Aylin: Senin hislerine güveniyorum. Bu öğleden sonra parti olacak. Gelmek ister misin?

Ceylan: Gelmek isterim. Teşekkür ederim. Parti nerede olacak? Senin evinde mi olacak?

Aylin: Hayır, benim evimde olmayacak. Arkadaşımın evinde olacak.

Ceylan: Hediye alacak mısın?

Aylin: Hediye aldım. Bir saat içinde çikolatalı tatlı sipariş edeceğim.

Ceylan: Harika fikir! Ben ne alacagım? Buldum, Akdeniz yemekleri getireceğim.

Aylin: O vejetaryen. Bu yüzden et olmasın lütfen.

Ceylan: İyi ki söyledin. Etli yemekler götürmeyeceğim. Partide kim olacak?

Aylin: En iyi arkadaşımız Yaz.

Ceylan: Harika. Ona küçük bir hediye alacağım.

Aylin: Kolye mi?

Ceylan: Evet bildin. Saat kaçta gideceğiz?

Aylin: Parti saat 2:00 de başlayacak.

Ceylan: Bak, güneş parlıyor. Hadi gidelim.

Aylin: Evet, gidelim. Çok eğleneceğiz.

COMPREHENSION QUIZ

Check your understanding with this multiple-choice comprehension quiz.

Hava yağmurlu

Hava karlı

Hava güneşli

2. Öğleden sonra ne olacak? What will happen in the afternoon?

Toplantı

Düğün

Parti

3. Ceylan ve Aylin partiye gidecekler mi?
Will Ceylan and Aylin go to the party?

Hayır, gitmeyecekler

Evet, gidecekler

Belki

4. Ceylan ne hediye alacak? What present will Ceylan buy?

Elbise

Kolye

Defter

5. Parti saat kaçta başlayacak? At what time will the party start?

Saat birde

UNIT 33: WHEN/WHILE AS A CONJUNCTION

iken- ken ulaç eki. When I was young. Ben gençken.

We use **ken / iken** in a sentence to mean at the time that. In English, this subordinate clause is introduced by the conjunction when or whilst. The actions in the main clause and in the subordinate clause happen **AT THE SAME TIME**.

When I play the guitar, I also sing.
Ben gitar çalar**ken,** şarkıda söylerim

İken is written separately or ken can be attached to a noun, an adjective or a verb. There is no need for a personal ending as this becomes apparent in the main clause.

- ## Using when with nouns and adjectives

Noun or adjective (with consonant ending) +ken

(Ben) Genç-ken	gençken **or** genç iken	when (I was) young
(Sen) Mevcut-ken	mevcutken **or** mevcut iken	when (you are) available/present
(Biz) Pilot-ken	pilotken **or** pilot iken	when (we were) pilots

Noun or adjective (with vowel ending) + y+ ken (see unit for buffer y)

(O) evde-y-ken	evdeyken **or** evde iken	when (he is) at home
(Onlar) yaşlı-y-ken	yaşlıyken **or** yaşlı iken	when (they are) old
(Kedi) yolda-y-ken	yoldayken **or** yolda iken	when (the cat is) on the road
Türkiye'de-y-ken	Türkiye'deyken **or** Türkiye'de iken	when in Turkey
Okulda-y-ken	okuldayken **or** okulda iken	when in/at school

- ## Using when with Verbs

Verb+ tense suffix+ken

(Ben) Gelir-ken	gelirken **or** gelir iken	when (I) come
(Sen) Çalışır-ken	çalışırken **or** çalışır iken	when (you) work
(O) Okur-ken	okurken **or** okur iken	when (he/she/it) reads
(Biz) Düşünüyor-ken	düşünüyorken **or** düşünüyor iken	

★ Here are some more examples

Uyumak: to sleep
Ödev: homework
Girmek: to enter/ break into
Yemek yemek: to eat lunch/food

Hırsız: thief
Yapmak: to do

Ben yemeğimi yerken, sen ödevini yapabilirsin.
While I'm having lunch, you can do your homework.

Seyirciler oyunu izlerken neşeli bir şekilde gülüyorlardı.
The audience was laughing gleefully while they were watching the play.

Biz uyurken eve hırsız girdi.
While we were asleep, a thief broke into the house.

Onlar uyurken eve hırsız girdi.

1 Hava güneşliyken bahçeyi düzenleyeceğim.

2 Sen bahçedeyken ben kitap okuyacağım.

3 Ya da, ben bahçeyi düzenlerken, sen ödevini yapabilirsin.

YOUR TURN

Draw an arrow to the matching subordinating clause!

small: küçük   years old: yaşında   Sunny: güneşli   When: ken

When I was small   Hava güneşliyken

When he was eight years old   Sen zenginken

When the weather is sunny   Ben küçükken

UNIT 34: WHEN AS A CONJUNCTION THE SUFFIX - diği(n)de

When I came. Ben geldiğimde

In Turkish we use the suffix "-diği(n)de" to give the meaning at that time in the past.

The English equivalent is a subordinate clause linked to the main clause by the conjunction when.

These are 3 rules to follow.

1. Verb+ diği (n)de or verb+tiği(n)de (Charlie's rule)

Fiil+ diği (n)de

Example/ Örnek

| O geldiği(n)de: | O geldiğinde | When he came |
| Ben gördüğü(m)de: | Ben gördüğümde | When I saw |

2. The suffix -diği(n)de has to follow vowel harmony rules.

a-ı: **dığı(n)da**   e-i: **diği(n)de**   o-u: **duğu(n)da**   ö-ü: **düğü(n)de**

a-ı: **tığı(n)da**   e-i: **tiği(n)de**   o-u: **tuğu(n)da**   ö-ü: **tüğü(n)de**

O bildiğinde	when he knew
O konuştuğunda	when he spoke
O güldüğünde	when he laughed

3. Each person takes a different personal suffix and the suffix is placed between -diği and -de

Ben uyu-duğu-m-da	Ben uyuduğumda	when I slept
Sen uyu-duğu-n-da	Sen uyuduğunda	when you slept
O uyu-duğu-n-da	O uyuduğunda	when he/she/it slept
Biz uyu-duğu-muz-da	Biz uyuduğumuzda	when we slept

⭐ Here are some more examples

çmek: to drink

Midesi bulanmak: to feel sick.

Dondurma: ice-cream

Tedirgin olmak: to get worried.

Yiyordum: I was eating

Yiyordu: He was eating

Ben onu içtiğimde, midem bulandı.

Doktora gittiğimde, tedirgin olurum.

Zil çaldığında, yaşlı adam dondurma yiyordu.

Midem: my tummy

Yemek: to eat

Zil: bell

Mide: tummy

Yaşlı: old

Adam: man

When I drank it, I felt sick.

When I go to the doctor, I get worried.

When the bell rang, the old man
was eating ice cream.

Ben onu
içtiğimde, midem
bulandı. Sana
dokunmuyor mu?

Hayır. Benim çok
hoşuma gidiyor ve
enerji veriyor. Ama geçen
gün aç karnına içtiğimde,
dokunmuştu.

YOUR TURN

Conjugate the verb -fall: düş- with -when past tense suffix

(Ben has been done for you).

Ben düştüğümde (When I fell)

Sen   düş...

O   düş...

Biz   düş...

Siz   düş

UNIT 35: WHEN AS A CONJUNCTION THE SUFFIX
ince; ince ulacı

When I look... Ben bakınca...

The suffix -ince (-ınca,-unca,-ünce) **can only be used with verbs** and you do not need to add any tense suffix or personal endings to the verb.

Verb+ince   Fiil+ince

There is only one thing to remember; The Vowel Harmony Rules!!!

a-ı: ınca   **e-i:** ince   **o-u:** unca   **ö-ü:** ünce

Ben yap**ınca**:   when I do it   Biz gül**ünce**:   when we laugh

Sen sev**ince**:   when you love it   Siz gül**ünce**:   when you laugh

O konuş**unca**:   when he/she/it speaks   Onlar okuy**unca**:   when they read

(see unit 6 about buffer -y rule)

Çok başarılı bir konuşmacı.

Kürsüye çıkınca nasılda coşturdu herkesi!

Example/ Örnek

Conjugating the verb come: gel

See how each person doesn't take any suffix.

Ben gel**ince**: when I come

Sen gelince: when you come

O gel**ince**: when he comes

Biz gel**ince**: when we come

Siz gel**ince**: when you come

Onlar gel**ince**: when they come

 Here are some more examples

Güvenlik: security   Dikkati dağılmak: to get distracted

Güvenliği geçince başka bir şişe su alabilir miyim?
When I've gone through security, can I get another bottle of water?

Sen bana bakınca dikkatim dağılıyor.
When you look at me, I get distracted.

> **1** Sıvı yasak. Suyu çöpe atın lütfen.

> **2** Güvenliği geçince başka bir şişe su alabilir miyim?

> **3** Tabii ki, içeriye girince, pek çok dükkan göreceksiniz.

Conjugate the verb -hungry: acık- (Ben has been done for you)
Ben acıkınca (su içerim). When I am hungry (I drink water).

Sen ....:   When you are hungry (you drink water).

O ....:   When he/she/it is hungry (he drinks water).

Biz ....:   When we are hungry (we drink water).

Siz ....:   When you (plural/formal) are hungry (you drink water).

EXERCISES /ALIŞTIRMALAR

UNIT 33/34/35

WHEN

Kelimeler/Words

Bilmek: To know

Ders çalışmak: To study

Dikkatli olmak: To be careful

Diş: Tooth

Dişler: Teeth

Fen Bilimleri: Science

Genç: Young

Harcamak: To spend

Fırçalamak: To brush

İlkokul: Primary school

Kimyasal madde: Chemical product

Kullanmak: To use

Mutlaka: Definitely

Sağlıklı: Healthy

Ziyaret etmek: To visit

Complete each sentence using the subordinating conjunction from the parenthesis:

1. Samandağ'a _____ , Beşikli Mağara'yı mutlaka ziyaret etmelisin. (gitmek/ ince).
When you go to Samandağ, you must definitely visit Beşikli Mağara.

2. Dişlerini _____, çok sağlıklı görünüyorlar (fırçalamak/ ince).
When you brush your teeth, they look very healthy.

3. Kimyasal madde _____ dikkat etmelisin (kullanmak/ ince)

4. Ben _____ çok para harcardım (genç/ ken).
When I was young, I used to spend a lot of money.

5. O _____, ben ders çalışıyordum (gelmek/ diğinde).
When he came, I was studying.

6. Gunay ilkokula _____, fen Bilimleri konusunda çok şey biliyordu (başlamak/ dığında).
When Gunay started primary school, he knew a lot about science.

WORD SEARCH/ KELİMELERİ BULALIM

Find and cross out the words below!

g	ü	l	d	ü	ğ	ü	m	d	e
b	e	k	l	e	y	i	n	c	e
k	a	l	d	ı	ğ	ı	m	d	a
a	y	t	i	s	r	ç	ü	ğ	l
p	t	s	t	n	t	t	h	s	a
d	f	h	j	k	c	e	g	h	j
g	a	e	o	u	p	e	t	v	z

Kaldığımda: when I stay

Güldüğümde: when I laugh

Bekleyince: When (any person) waits

Gelince: When (any person) comes

Sarhoşken: When (any person) is drunk

UNIT 36: USE OF MODAL VERB TO BE/CAN (POSITIVE)
Yeterlilik ve imkan kipi -ebilir/ -abilir eki

I can swim. Yüzebilirim.

By adding ebil/abil to the verb we can express the ability to do something. Although it can be used with any tense, it is commonly used with the present simple to mean "can" do something

- Use -ebil after consonants preceded by e i ö ü

- Use -abil after consonants preceded by a ı o u

- Remember to add the buffer y for verbs ending in a vowel

Verb stem+ebil + present simple + personal suffix

Gel+ebil+ir +im = I can come

Example/ Örnek

- **For the verb to swim: yüzmek**

Ben yüzebilirim:	I can swim.	Biz yüzebiliriz:	We can swim.
Sen yüzebilirsin:	You can swim.	Siz yüzebilirsiniz:	You (plural/ formal) can swim.
O yüzebilir:	He can swim.	Onlar yüzebilirler:	They can swim.

1 Verdiğiniz ağrı kesici pek etkili olmadı doktor hanım.

2 Size daha güçlü bir ağrı kesici yazabilirim.

3 Ayrıca belinizi çok yormayacak egzersizler yapabilirsiniz.

- ## For the verb to write: yazmak

Ben yaz-abilir-im:	yazabilirim	I can write
Sen yaz-abilir-sin:	yazabilirsin	You can write
O yaz-abilir:	yazabilir	He / She can write
Biz yaz-abilir-iz:	yazabiliriz	We can write
Siz yaz-abilir-siniz:	yazabilirsiniz	You can write
Onlar yaz-abilir-ler:	yazabilirler	They can write

- ## Kalmak: to stay gelmek: to come okumak: to read

Sen kal-abilir-sin:	kalabilirsin	You can stay
Ben gel-ebelir-im:	gelebelirim	I can come
Onlar oku-y-abilir-ler:	okuyabilirler	They can read

⭐ Here are some more examples

Ben size ne getirebilirim?

What can I get you?

Hayır, teşekkür ederim. Ama uyuyana kadar yanımda kalabilirsin.

Sana nasıl yardımcı olabilirim? Ne yapabilirim? Sevdiğin meyve suyundan getireyim mi?

YOUR TURN

Görmek: to see

Conjugate the verb -see: gör- (Ben has been done for you).

Ben görebilirim: I can see.

Sen ....: You can see.   O ....: He can see.

Biz ....: We can see.   Siz ....: You can see.

I can't swim: Yüzemem

To express cannot or not able to do something, add the following endings to the verb stem.

Ben ......emem /amam   **Sen** ....emezsin/amazsın   **O** .....emez/amaz

Biz ....emeyiz/amayız   **Siz** .....emezsiniz/amazsınız   **Onlar** ......emezler/amazlar

Example/ Örnek

For the verb -to do/ yapmak

Ben yap-**ama-m**	yapamam	I can't do it.
Sen gel-**emez-sin**	gelemezsin	You can't come.
O gör-**emez**	göremez	He can't see.
Biz konuş-**ama-y-ız**	konuşamayız	We can't speak.
Siz yüz-**emez-siniz**	yüzemezsiniz	You can't swim.
Onlar taşı-y-**amaz**	taşıyamazlar	They can't carry.

1. Ne beceriklisin, ben böyle sulu yemekleri pişiremem.

2. Ben de senin gibi salata yapamam. Salataların bir harika oluyor!

3. Bu arada, ben Perşembe günü toplantıya gelemem, o gün dersim var.

For the verb – to cook / pişirmek

Ben pişiremem: I can't cook.

Sen pişiremezsin: You can't cook.

O pişiremez: He/she/it can't cook.

Biz pişiremeyiz: We can't cook.

Siz pişiremezsiniz: You* can't cook.

Onlar pişiremezler: They can't cook.

- **Remember to follow vowel harmony**

- **You will notice that the endings are the same as for the present simple tense with the addition of an e or a before the tense ending**

e.g.

Present simple:

Ben gel<u>mem</u>: I don't come.

Sen gel<u>mezsin</u>: You don't come.

O gel<u>mez</u>: He doesn't come.

Biz gel<u>meyiz</u>: We don't come.

Siz gel<u>mezsiniz</u>: You don't come.

Onlar gel<u>mezler</u>: They don't come

To be able to negative -can't

Ben gel<u>emem</u>: I can't come.

Sen gel<u>emezsin</u>: You can't come.

O gel<u>emez</u>: He can't come.

Biz gel<u>emeyiz</u>: We can't come.

Siz gel<u>emezsiniz</u>: You can't come.

Onlar gel<u>emezler</u>: They can't come.

(y: keeps two vowels apart. See the unit 6 about the y buffer for more information)

⭐ Here are some more examples

Ben nakit ödeyemem.

Sen onu göremezsin.

O okul masrafını karşılayamaz.

I can't pay by cash.

You can't see him.

He can't afford the school fees.

Koşmak: to run

Conjugate the verb -run: koş- (Ben has been done for you).

Ben koşamam. I can't run.

Sen .... You can't run.   Siz .... You can't run.

UNIT 38: THE MODAL VERB 'TO BE ABLE/CAN' WHEN USED IN A QUESTION (INTERROGATIVE)

Yeterlilik ve imkan kipi sorusu -mi -mı

Can I listen? Dinleyebilir miyim?

Although **ebil/abil** can be used with any tense, here it is shown in the present simple.

Çantamı tutabilir misin lütfen?

Tabii ki.

- **Verb+**ebil +ir**/** abil+ir **+ mi +** personal ending

  Fiil + ebil +ir/ abil+ir + mi+ kişi eki.

- **Vowel Harmony**

  (check the last vowel of the verb)

  a-ı-o-u: abilir   e-i-ö-ü: ebilir

- **Verb stem + ebilir** followed by mi for a question with the personal suffix added e.g.

  e.g., Yüz+ebilir+misin? Can you swim?

  Or

- **Verb stem + abil + ir** followed by mi for a question with the personal suffix added e.g.

  e.g., Tut+abil+ir misin? Can you hold?

REMEMBER **that the suffix** -misin **is** always written separately **from the verb.**

The yüzebilir/tutabilir **will stay the SAME for ALL PERSONS.**

Remember **to use the** buffer y (unit 6) to separate two vowels **if your verb stem ends with a vowel and your following suffix starts with a vowel.**

So, for the verb söylemek, you need the buffer y.

Yazmak: To write

Conjugating the verb -write: yaz-

Ben yaz+abilir+mi+y+im	yazabilir miyim?	Can I write?
Sen yaz+abilir+mi+sin	yazabilir misin?	Can you write?
O yaz+abilir+mi	yazabilir mi?	Can he / she / it write?
Biz yaz+abilir+mi+y+iz	yazabilir miyiz?	Can we write?
Siz yaz+abilir+mi+siniz	yazabilir misiniz?	Can you write?
Onlar yaz+abilir+ler+mi	yazabilirler mi?	Can they write?

 Here are some more examples

Ben ceviz dondurmalı baklava alabilir miyim?

Can I have baklava with walnut ice-cream?

Mektup yazabilir mi?

Can she write a letter?

Gitmek: to go (gitmek is a special verb where when the following suffix starts with a vowel, the "t" at the end changes to "d". See Unit 47/ The verb etmek also follows this rule!)

Sinemaya gidebilir miyim?

Can I go to the cinema?

Söylemek: to tell

Conjugate the verb -tell: söyle- (Ben has been done for you).

Ben söyleyebilir miyim? Can I tell?

Sen..........................: Can you tell?

O.............................: Can he/ she / it tell?

Biz..........................: Can we tell?

Siz............................: Can you (plural/formal) tell?

EXERCISES /ALIŞTIRMALAR

UNIT 36/37/38

1) Complete this exercise with the correct form of the verbs in parentheses.

Tavşan: Rabbit	Kelebek: Butterfly	Fil: Elephant	Fare: Mouse
Atlamak (Evet)	Uçmak (Evet)	Yürümek (Evet)	Saklanmak (Evet)
Yüzmek (Hayır)	Konuşmak (Hayır)	Atlamak (Hayır)	Uçmak (Hayır)

ASK AND ANSWER ACCORDING TO THE EXAMPLE:

1. **Tavşan yüzebilir mi? Hayır yüzemez.** Can a rabbit swim? No, it can't.

2. _____

3. _____

4. _____

WRITE SENTENCES.

1. **Tavşan yüzemez ama atlayabilir.** A rabbit can't swim, but it can jump.

2. _____

3.

2) Try conjugating the verb -write: yaz- to express cannot

Yazmak: To write

Ben ....   I can't write.

Sen ....   You can't write.

O ....   He / She can't write.

Biz ....   We can't write.

Siz ....   You can't write.

Onlar ....   They can't write.

3) Translate the sentences into Turkish

I can't sing: _____

You can't play tennis: _____

She can't hear you: _____

We can't come: _____

They can't read Spanish: _____

UNIT 39: MODAL OF NECESSITY: MUST
Gereklilik kipi -meli mali

I must stay. Kalmalıyım.

In Turkish, we use the suffixes -**meli** or - **malı** to express obligation and to talk about a necessity in the present or future. This is the formula to use;

Verb + meli/malı + y + personal ending

Fiil+meli/malı+kişi eki

REMEMBER, you will need the buffer y to separate two vowels.

Examples/ Örnekler

(Ben) Yap+**malı**+**y**+ım:	**yapmalıyım**		I must do it.
(Sen) Git+**meli**+**sin**:	**gitmelisin**		You must go.
(O) Kullan+**malı**:	**kullanmalı**		He must use it.
(Ben) Gör-**meli**-**y**-**im**:			I must see.
(Ben) Seni gör**meliyim**:			I must see you.
(Ben) Bugün seni gör**meliyim**:			I must see you today.
(Ben) Bugün parkta seni gör**meliyim**:			I must see you today in the park.

Doktor Bey, kardeşimi muhakkak görmeliyim ve yanında kalmalıyım.

Anlıyorum, ama bir gün daha dinlenmeli. Yarın normal odaya çıkaracağız. O

Conjugating the verb -work/çalış

Çalışmak: To work

Çalış-malı-y-ım	çalışmalıyım	I must work.
Çalış-malı-sın	çalışmalısın	You must work.
Çalış-malı	çalışmalı	He must work.
Çalış-malı-y-ız	çalışmalıyız	We must work.
Çalış-malı-sınız	çalışmalısınız	You must work.
Çalış-malı-lar	çalışmalılar	They must work.

 Here are some more examples

Boğaz: throat   **İlaç:** medicine

Sık sık: often   **Şemsiye:** umbrella

Elimizi sık sık yıkamalıyız.

We must/need to/have to wash our hands often.

Eğer yağmur yağıyorsa, şemsiye almalıyım.

If it is raining, I must take an umbrella.

Onun boğazı ağırıyor. O ilaç almalı.

He has got a sore throat. He must take the medicine.

> Murat!
> Yağmur yağıyor, şemsiyeni almalısın.

YOUR TURN

To read book: kitap okumak

Conjugate the verb -read /oku (Ben has been done for you).

Ben kitap okumalıyım: I must read a book.

Sen.........................: You must read a book.

O............................: He/She/It must read a book.

Biz...........................: We must read a book.

Si.........................: You (plural/formal) must read a book.

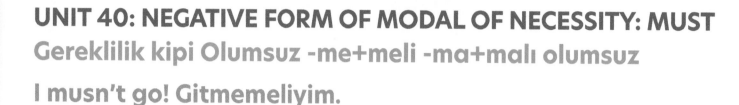

UNIT 40: NEGATIVE FORM OF MODAL OF NECESSITY: MUST
Gereklilik kipi Olumsuz -me+meli -ma+malı olumsuz
I musn't go! Gitmemeliyim.

In order to express "must not", in Turkish we add the suffixes -me or -ma after the verb stem. This is the formula to follow;

Verb + me + meli/ma+malı **+ personal ending**

Fiil+me+meli/ma+malı+kişi eki

Ben gitmemeliyim.	I must not go.
Sen gitmemelisin.	You must not go.
O gitmemeli.	He must not go.
Biz gitmemeliyiz.	We must not go.
Siz gitmemelisiniz.	You must not go.
Onlar gitmemeliler.	They must not go.

 ## Here are some more examples

Biz çocukları dışarı çıkarmamalıyız.
We mustn't take the children out.

Bu gece: tonight   Dışarıda: outside   Kalmak: To stay

Conjugate the verb -stay/kal- (Ben has been done for you).

Ben bu gece dışarıda kalmamalıyım. I mustn't stay outside tonight.

Sen ....: You mustn't stay outside tonight.

O ....: He/She/It mustn't stay outside tonight.

Biz ....: We mustn't stay outside tonight.

Siz .... You* mustn't st... ...tside tonight.

UNIT 41: QUESTION FORM OF MODAL OF NECESSITY: MUST
Gereklilik kipi -meli malı sorusu.

Must I do it? Ben yapmalı mıyım?

In Turkish, in order to express the interrogative /question form of "must", all we have to do is add the suffix -mi or -mı after meli/ malı.

- **This is the formula to follow;**

Verb + meli/malı + mi/mı + y + personal ending.

Fiil++meli/ malı +mi/mı+y+kişi eki

- **REMEMBER**

To follow the vowel harmony rule.

To write the suffix mi after the personal ending **when used** with "they/onlar" pronoun.

To use y buffer **(see the unit 6) to separate two vowels.**

To always write the question suffix -mi or -mi separately.

Example/ Örnek

Burada: Here   Durmak: To stop   Her gün: Every day

Durmalı mıyım?   Must I stop?

Burada durmalı mıyım?   Must I stop here?

Her gün burada durmalı mıyım?   Must I stop here every day?

Yemek: To eat

Conjugating the verb-eat/ye-

Ben ye-meli-mi-yim?   Biz ye-meli-mi-yiz?

Sen ye-meli-mi-sin?   Siz ye-meli-mi-siniz?

⭐ <u>Here are some more examples</u>

Evet: Yes   Gitmek: To go   Süt: Milk   Kedi: Cat   Ne zaman: When   Hemen şimdi: Right now

Kediye süt vermeli miyiz?	Must/ Should we give milk to the cat?
Evet vermeliyiz.	Yes we must/should!
Ne zaman gitmelisin?	When must you go?
Hemen şimdi gitmeliyim.	I must go right now.

YOUR TURN

Gitmek: To go -
Conjugate the verb -go/git- (Ben has been done for you).

Ben gitmeli miyim? Should I go?

Sen...............................:   Must you go?

O................................:   Must He/She/It go?

Biz............................:   Must we go?

Siz.............................:   Must you (plural/formal) go?

EXERCISES /ALIŞTIRMALAR

UNIT 39/40/41

MUST

Translate the sentences below into Turkish.

I have been working for ten hours. I must rest.

_____

It is raining. You must take your umbrella.

_____

She is ill. She must take the medicine.

_____

Musa didn't eat anything today. He must be hungry.

_____

They want to be doctors. They must study hard.

_____

My mother is calling me. I must go.

_____

She can speak five languages. That must be amazing.

What must I do? Ne yapmalıyım?

Find the matching sentence by drawing an arrow.

Hasta oldu.	Dinlenmeliyim.
Yağmur yağıyor.	Aç olmalı.
Musa bugün hiçbir şey yemedi.	Çok sıkı ders çalışmalılar.
10 saattir çalışıyorum.	İlaç almalı.
Onlar doktor olmak istiyorlar.	Şemsiyeni almalısın.

Complete the missing positive, negative and question sentences.

Olumlu /positive	Olumsuz /Negative	Soru/Question
Dinlenmeliyim.	_____	Dinlenmeli miyim?
_____	Şemsiyeni almamalısın.	Şemsiyeni almalı mısın?
İlaç almalı.	_____	İlaç almalı mı?
Aç olmalı.	Aç olmamalı.	_____

UNIT 42: MODAL VERBS OF NECESSITY "NEED TO /HAVE TO"

Gerek/Lazım

I need to go/ Gitmem gerek

I have to go/Gitmem lazım

In the previous unit, we learned about -meli (must / should) suffix where we used it to indicate necessities and requirements.

To express ideas like necessity and obligation in Turkish, we use the words "gerek" or "lazım" at the end of a sentence.

This is the formula to follow;

Verb+me/ma+personal ending+ gerek/lazım

Fiil+me/ma+kişi eki + gerek/lazım

Personal Endings for each person,

Ben – m   Sen – n   O – si (Vowel Harmony)

Biz – miz (Vowel Harmony)   Siz – siniz (Vowel Harmony)   Onlar – leri/ları

REMEMBER, only the verbs take the personal endings not the words "gerek or lazım".

Example/ Örnek

Gitmem gerek:	I need to go.		Gitmem lazım:	I have to go.
Gitmen gerek:	You need to go.		Gitmen lazım:	You have to go.
Gitmesi gerek:	He/she/it needs to go.		Gitmesi lazım:	He/she/it has to go.
Gitmemiz gerek:	We need to go.		Gitmemiz lazım:	We have to go.
Gitmeniz gerek:	You* need to go.		Gitmeniz lazım:	You* have to go.
Gitmeleri gerek:	They need to go.		Gitmeleri lazım:	They have to go.

Here are some more examples

room: Oda Messy: Kirli To clean: Temizlemek Hungry: Aç

o eat: Yemek yemek Work: İş To be late: Geç kalmak

My room is messy; I have to clean it. Odam çok kirli, temizlemem lazım.

elin is very hungry; she has to eat. Selin çok aç, yemek yemesi lazım.

am getting late for work; I need to go now. İşe geç kalıyorum, şimdi gitmem gerek.

Translate the following sentences into Turkish.

1) I have to help my friend.

_____

2) She needs to go to Hatay.

_____

3) They have to understand me.

_____

4) You need to work hard.

_____

UNIT 43: CONDITIONALS: IF - If clause with present simple tense (do/does), main clause with future tense (will)

Koşul Cümleleri

Eğer gelirsen, ben mutlu olacağım - If you come, I will be happy

In Turkish grammar, we often use "**if**" / "**eğer**" to introduce conditionals and their results. To express real conditionals where the main clause is a direct result of the **subordinate if** clause

E.g.

If you eat chocolate, you will get sick.
Çikolata yersen, hasta olacaksın.

In Turkish, when the if clause is in the present simple, the main clause will be in the future tense.

To do that we follow these rules.

- **If means** eğer

- **A sentence that starts with** -eğer **has to be followed by the suffixes** -se **or** -sa **that are attached to the verb.**

  a,ı,o,u: sa   **e,i,ö,ü: se**

- **Eğer** + verb simple present suffix + **se/sa** (if clause)

  Verb + future tense suffix + personal ending.

Eğer Yap+**ar+sa+m**:	If I do
Eğer Yap+**ar+sa+n**:	If you do
Eğer Yap+**ar+sa**:	If he/she/it does
Eğer Yap+**ar+sa+k**:	If we do

Examples/ Örnekler

Eğer ben gelirsem (if clause/ yan cümle)

Sen mutlu olacaksın. (main clause with future tense/ ana cümle)

Eğer ben gelirsem, sen mutlu olacaksın.   If I come, you will be happy.

Eğer alışveriş yaparsam, ben para harcayacağım.   If I go shopping, I will spend money.

Eğer yağmur yağarsa, elbisem ıslanacak.   If it rains, my dress will get wet.

Soğuk havada kalırsan, hasta olacaksın.   If you stay in cold weather, you will get ill.

In order to make the negative version of the -If clause with the present simple tense (do/does)

- **Add the negative suffix -mez/ -maz to the verb root**

Verb + mez + se + personal ending

- **Apply the same rule for -eğer.**

Eğer gel+mez+se+m: If I don't come

Eğer gel+mez+se+n: If you don't come

Eğer gel+mez+se: If he/she/it doesn't come

Eğer gel+mez+se+k: If we don't come

Eğer gel+mez+se+niz: If you* don't come

Eğer gel+mez+ler+se: If they don't come

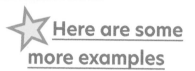

Here are some more examples

Araba: car
Sürmek: to drive
Gitmek: to go
Mutlu: happy
Uçak: plane
Kaçırmak: to miss
Karar vermek: to decide
Mutlu olmak: to be happy
Mutlu olmamak: not to be happy

Eğer o arabayı sürmezse,
ben partiye gelmeyeceğim.

If he doesn't drive the car,
I won't come to the party.

Eğer gitmezsem, o mutlu
olmayacak.

If I don't go, he won't be happy.

Eğer hemen karar vermezse,
uçağı kaçıracak.

If she doesn't decide quickly,
she will miss the plane.

> 2
> Çok güzel, ama eğer param yatmazsa, almayacağım.

> 1
> Bak bu gideceğin parti için çok iyi olur.

YOUR TURN

Translate the sentences below.

If you pay for the dinner, I will pay for the taxi.

....

If she doesn't accept the job offer, she won't go to Antalya.

....

If we don't decide now, your mother will get angry.

UNIT 44: CONDITIONALS - IF CLAUSE WITH PAST PERFECT TENSE: MAIN CLAUSE WITH WOULD HAVE - Koşul Cümleleri

If you had come, I would have been happy.
Eğer gelseydin, ben mutlu olurdum.

When the situation is imagined and the outcome possible but not probable, this is an unreal condition.

To form a sentence with an if clause in the past for example

If I had done it, I would have

We follow these rules.

If means eğer

- **A sentence that starts with** -eğer **has to be followed by the suffixes** -se **or** -sa **that are attached to the verb.**

a,ı,o,u: sa   e,i,ö,ü: se

Eğer verb + se + y + di + personal ending **(if clause / yan cümle)**

Verb + present simple suffix + past tense suffix + personal ending
(main clause /ana cümle)

(IF CLAUSE / YAN CÜMLE)		(MAIN CLAUSE /ANA CÜMLE)	
Eğer verb + se + y + di + personal ending		**Verb** + present simple suffix + past tense suffix + personal ending	
Yap+sa+y+dı+m	If I had done it	Sev+er+di+m	I would have loved
Yap+sa+y+dın	If you had done it	Sev+er+di+n	You would have loved
Yap+sa+ y+dı	If he/she/it had done it	Sev+er+di	He would have loved
Yap+sa+y+dık	If we had done it	Sev+er+di+k	We would have loved
Yap+sa+y+dınız	If you had done it	Sev+er+di+niz	You would have loved

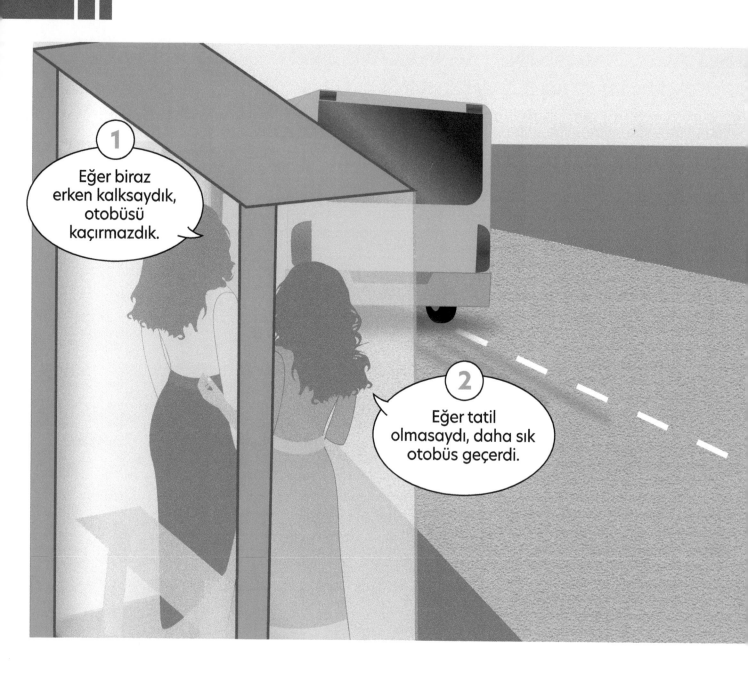

Examples/ Örnekler

Eğer çok çalışsaydım: If I had studied hard.

Sınavı geçerdim: I would have passed the exam.

Eğer çok çalışsaydım, sınavı geçerdim.

If I had studied hard, I would have passed the exam.

Eğer parti organize etseydik, seni davet ederdim.

If we had organised a party, I would have invited you.

In order to make a negative version of an
f clause with the past perfect tense (had)

Add the negative suffix -me/-ma **to the verb root**

Verb+me**+se+y+**past tense**+**personal ending   for all the personal pronouns
(except for they).

Verb+me**+se+**personal ending**+**past tense   for they

Follow the same rule for -eğer

Eğer yapmasaydım	If I hadn't done it.	Eğer yapmasaydık	If we hadn't done it.
Eğer yapmasaydın	If you hadn't done it.	Eğer yapmasaydınız	If you* hadn't done it.
Eğer yapmasaydı	If he/she/it hadn't done it.	Eğer yapmasalardı	If they hadn't done it.

* plural/formal

Here are some more examples

Girmek: to enter   Hırsız: thief   Kapı: door   Kilitlemek: to lock   Zil: bell
Zil çalmak: to ring the bell   Uyanmak: to wake up   Uyanmamak: not to wake up

Eğer kapıyı kilitlemeseydin, hırsız içeri girerdi.
If you hadn't locked the door, the thief would have come in.

Eğer zili çalmasaydın, uyanmazdım.
If you hadn't rung the bell, I would not have woken up.

Translate the sentences below.

If you had done the right things, you would have made me happy.

....

If we hadn't moved, I wouldn't have met you!

....

If she hadn't come late, we wouldn't have missed the bus!

UNIT 45: AN IF CLAUSE WITH AN IMAGINED SITUATION
Gerçekleşmesi olası ve hayali koşullu cümleler
If I were a millionaire, I would build schools.
Eğer milyoner olsaydım, okullar inşa ederdim.

When the situation is imagined and the outcome possible but not probable,
this is the rule to follow;

Eğer Verb+sa/se**+ y +** past tense + personal ending.　Eğer kal<u>say</u>dım: If I stayed

This structure is followed by the main clause

verb+present simple**+**past simple**+**personal ending.　Eğlen<u>irdim</u>: I would enjoy.

REMEMBER **in Turkish, 'would' and 'used to' have the same format** (Unit 47).

Eğer çok param olsaydı, bahçıvan tutardım.

Eğer çok para kazansaydım, araba alırdım.	If I won a lot of money, I would buy a car.
Eğer zengin olsaydım, BMW alırdım.	If I were rich, I would buy a BMW.
Eğer genç olsaydın ne yapardın?	If you were young, what would you do?
Eğer bir milyon sterlinin olsaydı ne yapardın?	If you had one million pounds, what would you do?
Eğer bir milyon sterlinim olsaydı, yardım kuruluşlarına bağışlardım.	If I had one million pounds, I would donate it to charity.

UNIT 43/44/45

Translate the sentences below into Turkish.

If you push this button, the machine works.

_____

If he touches the oil, his hands will get greasy.

_____

If I go early, you can catch the bus.

_____

If you study hard, you won't fail.

_____

If I must go home, I will.

_____

If I were you, I would apply for every job.

_____

If I were you, I would cook the meal.

_____

Choose the correct option to complete the sentences.

Eğer yerinde _____, doktor olurdum (olmak/ben).
If I were you, I would be a doctor.

- olsaydım

- olurum

- oldum

Eğer geç _____, partiyi kaçıracağım (gitmek/ben).
If I go late, I will miss the party.

- gidersem

- gitmezsem

- gitmeliyim

Eğer eve _____ şimdi git (gitmek/sen).
If you must go home, go now.

- gitmeliysen

- gitti

- gitmedi

Eğer onun adresini _____, onunla buluşurdu (bulmak/O).
If he had found her address, he would have met her.

- bulsaydım

- bulsaydı

- bulsaydık

UNIT 46: USED TO
The suffix -r (present simple) + di (past tense)
Ben gitar çalardım. I used to play guitar

In Turkish, used to is used to talk about a past situation that is no longer happening.

This is the formula to follow:

Present simple tense suffixes: r/ar/er/ir/ır,ur,ür (unit 27)

Simple past tense suffixes di,dı,du,dü (unit 21)

Verb + present simple + simple past + personal ending.

Verb+r+di+P.E.

For the verb oynamak	to play
Ben oynardım	I used to play.
Sen oynardın	You used to play.
O oynardı	He/She/It used to play.
Biz oynardık	We used to play.
Siz oynardınız	You (plural/formal) used to play.
Onlar oynarlardı	They used to play.

For the verb kalmak	to stay
Ben kalırdım	I used to stay.
Sen kalırdın	You used to stay.
O kalırdı	He/She/It used to stay.
Biz kalırdık	We used to stay.
Siz kalırdınız	You (plural/formal) used to stay.

Here are some more examples

Biz Hindistan'da yaşardık.	We used to live in India.
Ben ondan hoşlanırdım.	I used to like him.
O her gün okula bisikletle giderdi.	She used to go to school every day by bike.
Ben eskiden seni dinlerdim.	A long time ago, I used to listen to you.

1

Sen lisedeyken çok iyi tenis ....

2

Evet, tenis oynamayı cok severdim. Maçları hep kazanırdım. Uzun zamandır oynamıyorum. Sen de basketbol oynardın. Hala oynuyor musun?

YOUR TURN

Conjugate the verb -to play tennis/ tenis oynamak-
(Ben has been done for you).

Ben tenis oynardım.	I used to play tennis.
Sen...	You used to play tennis.
O..	He/ She used to play tennis.
Biz	We used to play tennis.
Siz...	You (plural/formal) used to play tennis.

UNIT 46

Translate the sentences into English.

Ben çocukken, her Ağustos yazlık eve giderdik.

_____

Eskiden o futbol takımında oynardı.

_____

O küçükken daha çok sebze yerdi.

_____

Üniversite hayatından önce, onlar aynı evde yaşarlardı.

_____

Choose the correct option to complete the sentences.

O çiçekleri çok _____ama şimdi hiç sevmiyor (sevmek/O).
She used to like flowers but now she doesn't like them at all.

• severdi   • sevmezdi   • sevmez

Ben hep etek _____ ama şimdi giymiyorum (giymek/ben).
I used to wear skirts all the time but now I don't wear them anymore.

• giyerdi   • giyerdik   • giyerdim

Sen çok _____ama şimdi çok sessizsin (konuşmak/sen).
You used to talk a lot but you are very quiet now.

MORE EXAMPLES ON 4 TYPE OF VERB TENSES AND HOW TO USE THEM:

THE PAST TENSE: GEÇMİŞ ZAMAN

Verb	Past Tense	Fiil	Geçmiş Zaman
Buy	Bought	Satın almak	Satın aldı
Begin	Began	Başlamak	Başladı
Call	Called	Aramak	Aradı
Mow	Mowed	Biçmek	Biçti

I bought a beautiful leather jacket yesterday.
Ben çok güzel deri bir ceket satın aldım.

My mum began to cry after she saw the old photos.
Annem eski fotoğrafları gördükten sonra ağlamaya başladı.

My friend called me last night.
Arkadaşım dün gece beni aradı.

My husband mowed the lawn last week.
Kocam geçen hafta bahçedeki çimleri biçti.

THE PRESENT CONTINUOUS TENSE: ŞİMDİKİ ZAMAN

Verb	P.Continuous Tense	Fiil	Şimdiki Zaman
Follow	Following	Takip etmek	Takip ediyor
Feel	Feeling	Hissetmek	Hissediyor
Hear	Hearing	Duymak	Duyuyor
Watch	Watching	İzlemek	İzliyor
Sell	Selling	Satmak	Satıyor

My dad is following the car in front of him.
Babam önündeki arabayı takip ediyor.

I am not feeling well right now.
Ben şu anda kendimi iyi hissetmiyorum.

I am hearing strange noises outside.
Ben dışarıdan garip sesler duyuyorum.

We are watching our favourite movie now.
Biz şimdi favori filmimizi izliyoruz.

My mum is selling all our used toys.
Annem tüm kullanılmış oyuncaklarımızı satıyor.

THE FUTURE TENSE: GELECEK ZAMAN

Verb	Future Tense	Fiil	Gelecek Zaman
Send	Will send	Göndermek	Gönderecek
Move	Will move	Taşınmak	Taşınacak
Show	Will show	Göstermek	Gösterecek
Stay	Will stay	Kalmak	Kalacak
Visit	Will visit	Ziyaret etmek	Ziyaret edecek

Emma will send you an email.
Emma sana bir email gönderecek.

We will move to Istanbul.
Biz İstanbul'a taşınacağız.

Jack will stay at the hotel for two nights.
Jack otelde iki gece kalacak.

She will visit you very soon.
O seni en yakın zamanda ziyaret edecek.

THE PRESENT SIMPLE TENSE: GENİŞ ZAMAN

Verb	S.Present Tense	Fiil	Geniş Zaman
Wear	Wear/Wears	Giyinmek	Giyinir
Sleep	Sleep/Sleeps	Uyumak	Uyur
Swim	Swim/Swims	Yüzmek	Yüzer
Wash	Wash/Washes	Yıkamak	Yıkar
Remind	Remind/Reminds	Hatırlatmak	Hatırlatır

My mother-in-law always wears a black dress.
Kaynanam her zaman siyah bir elbise giyinir.

I sleep early when I am tired.
Ben yorgun olduğumda erken uyurum.

My daughter swims every morning.
Kızım her sabah yüzer.

We wash our clothes with the same washing powder all the time.
Biz her zaman kıyafetlerimizi aynı toz deterjan ile yıkarız.

This song reminds me of my childhood.
Bu şarkı bana çocukluğumu hatırlatır.

Sıla her gün erken kalkar ve her sabah 1 saat yüzer.

read/you read   I love/ you love   I go/you go

Okurum/Okursun   Severim/Seversin   Giderim/Gidersin

Verb with vowel-ending

Okumak: To read

Verb Okumak: To read	Present Continuous Tense (I am reading)	Present Simple Tense (I read)	Future Tense (I will read)	Past Tense (I read)	Necessity (I must read)	Used to (I used to read)	Would Would have (I would have read)
Ben - I	okuyorum	okurum	okuyacağım	okudum	okumalıyım	okurdum	okurdum
Sen - You	okuyorsun	okursun	okuyacaksın	okudun	okumalısın	okurdun	okurdun
O He/She/It	okuyor	okur	okuyacak	okudu	okumalı	okurdu	okurdu
Biz - We	okuyoruz	okuruz	okuyacağız	okuduk	okumalıyız	okurduk	okurduk
Siz - You (Plural)	okuyorsunuz	okursunuz	okuyacaksınız	okudunuz	okumalısınız	okurdunuz	okurdunuz
Onlar - They	okuyorlar	okurlar	okuyacaklar	okudular	okumalılar	okurlardı	okurlardı

Verb with consonant-ending

Sevmek: To love

Verb Sevmek: To love	Present continuous Tense I am loving	Present Simple Tense I love	Future Tense I will love	Past Tense I loved	Necessity I must love	Used to I used to love	Would Would have I would have loved
Ben - I	seviyorum	severim	seveceğim	sevdim	sevmeliyim	severdim	severdim
Sen - You	seviyorsun	seversin	seveceksin	sevdin	sevmelisin	severdin	severdin
O He/She/It	seviyor	sever	sevecek	sevdi	sevmeli	severdi	severdi
Biz - We	seviyoruz	severiz	seveceğiz	sevdik	sevmeliyiz	severdik	severdik
Siz - You	seviyorsunuz	seversiniz	seveceksiniz	sevdiniz	sevmelisiniz	severdiniz	severdiniz

The verb with changes of t and d!

Gitmek: to go (the letter t at the end of the verb -git changes to d when followed with a vowel)

Yardım etmek: to help is another verb that acts in the same way.

Verb Gitmek: To go	Present continuous Tense I am going	Present Simple Tense I go	Future Tense I will go	Past Tense I went	Necessity I must go	Used to I used to go	Would Would have I would have gone
Ben - I	gidiyorum	giderim	gideceğim	gittim	gitmeliyim	giderdim	giderdim
Sen - You	gidiyorsun	gidersin	gideceksin	gittin	gitmelisin	giderdin	giderdin
O He/She/It	gidiyor	gider	gidecek	gitti	gitmeli	giderdi	giderdi
Biz - We	gidiyoruz	gideriz	gideceğiz	gittik	gitmeliyiz	giderdik	giderdik
Siz - You (Plural)	gidiyorsunuz	gidersiniz	gideceksiniz	gittiniz	gitmelisiniz	giderdiniz	giderdiniz
Onlar - They	gidiyorlar	giderler	gidecekler	gittiler	gitmeliler	giderlerdi	giderlerdi

ANSWERS

Unit 6: Personal Pronouns and to be (am, is, are)

Sen sakarsın.	You are clumsy.
O sakar.	He is clumsy.
Biz sakarız.	We are clumsy.
Siz sakarsınız.	You are clumsy.
Onlar sakarlar.	They are clumsy.

Unit 7: Personal Pronouns and to be in the past tense (was, were)

Ben doktordum: I was a doctor.

Sen cesurdun.	You were brave.
O cesurdu.	He/She/It was brave.
Biz cesurduk.	We were brave.
Siz cesurdunuz.	You were brave.
Onlar cesurlardı.	They were brave.

Unit 8: Personal Pronoun and to be in the question form

Ben doktor muyum? Am I a doctor?

Sen zeki misin?	Are you clever?
O zeki mi?	Is he/she/it clever?
Biz zeki miyiz?	Are we clever?
Siz zeki misiniz?	Are you (plural/formal) clever?
Onlar zekiler mi?	Are they clever?

Unit 9: to be in a negative form/ değil

I am not/Ben .... değilim

Sen ünlü değilsin.	You are not famous.
O ünlü değil.	He is not famous.
Biz ünlü değiliz.	We are not famous.

Unit 10: "To be" in a negative form simple past tense (wasn't, weren't)

I wasn't: Ben .... değildim.

Sen yorgun değildin.	You weren't tired.
O yorgun değildi.	He/She/It wasn't tired.
Biz yorgun değildik.	We weren't tired.
Siz yorgun değildiniz.	You (formal/plural) weren't tired.
Onlar yorgun değillerdi.	They weren't tired.

Unit 11: prepositions/edatlar: in/on/at

On the table: masada

Kulak**ta**

Cüzdan**da**

Otobüs**te**

Televizyon**da**

Unit 12: More on propositions:
Under, In front of, Behind, Next to, Inside, On top of

Edatlar: Altında, Önünde, Arkasında, Yanında, İçinde, Üstünde

Çiçek vazonun **içinde**.

Çiçek vazonun **altında**.

Çiçek vazonun **arkasında**.

Çiçek vazonun **önünde**.

Çiçek vazonun **yanında**.

Çiçek vazonun **üstünde**.

Unit 13: There is - There isn't: Var/Yok

Sehpa: coffee table - Sehpa**da**: **On** the coffee table

Sehpada saat var.	There is a clock on the coffee table.
Sehpada defter var.	There is a notebook on the coffee table.
Sehpada kutu var.	There is a box on the coffee table.
Sehpada lamba var.	There is a lamp on the coffee table.
Sehpada resim yok.	There isn't a picture on the coffee table.

Unit 14: Possessive Adjectives - İyelik Sıfatları

My family: Benim ailem

Our boss: Bizim patronumuz
Your hands: Sizin elleriniz
Their feet: Onların ayakları

Unit 15: Comparative and Superlative of Adjectives - Karşılaştırma sıfatları

Sen daha güzelsin.   You are more beautiful.
O daha güzel.   She is more beautiful.
Biz daha güzeliz.   We are more beautiful.
Siz daha güzelsiniz.   You (plural/formal) are more beautiful.
Onlar daha güzeller.   They are more beautiful.

Unit 16: Consonant Mutation

Translate the following sentences into Turkish:

1. Tavşan ağaca çıktı.   The rabbit climbed up the tree.
2. Ali çocuğu çok sevdi.   Ali loved the child.
3. Kazağım nerede?   Where is my jumper?
4. İlacım bitti.   My medicine has finished.
5. O ekmeği uzatıyor.   She is passing the bread.

Unit 18: Preposition -with or -by - ile bağlacı

Ablam **ile**/ ablamla: with my big sister
Fener **ile**/ fenerle: with the torch
Makas **ile**/ makasla: with the scissors
Tren **ile**/ trenle: by train
Sevgi**yle**/ sevgi ile: with love

Unit 19: Plurals - Çoğullar (lar or ler)

Benim el**ler**im çok kuru.   My hands are very dry.
Senin göz**ler**in mavi.   Your eyes are blue.
Bizim kitap**lar**ımız çok ağır.   Our books are very heavy.

Unit 20: Prepositions after/before - Edatlar önce/sonra

Sokak**tan** sonra: after the street
Okul**dan** önce: before the school
Sen**den** sonra: after you

Unit 21: Simple Past tense positive - Geçmiş zaman olumlu - di

I did it!

Ben geldim.	I came.
Sen geldin.	You came.
O geldi.	He/She/It came.
Biz geldik.	We came.
Siz geldiniz.	You (formal/plural) came.
Onlar geldiler.	They came.

Ben kaldım.	I stayed.
Sen kaldın.	You stayed.
O kaldı.	He stayed.
Biz kaldık.	We stayed
Siz kaldınız.	You stayed.
Onlar kaldılar.	They stayed

Ben güldüm.	I laughed.
Sen güldün.	You laughed.
O güldü.	He laughed.
Biz güldük.	We laughed.
Siz güldünüz.	You laughed.
Onlar güldüler.	They laughed.

Ben koştum.	I ran.
Sen koştun.	You ran.
O koştu.	She ran.
Biz koştuk.	We ran.
Siz koştunuz.	You ran.
Onlar koştular.	They ran.

Unit 22: Simple Past Tense Negative - Geçmiş zaman olumsuz -me+di -ma+dı

Ben gelmedim.	I didn't come.
Sen gelmedin.	You didn't come.
O gelmedi.	He/ She/It didn't come.
Biz gelmedik.	We didn't come.

Ben kalmadım.	I didn't stay.
Sen kalmadın.	You didn't stay.
O kalmadı.	He didn't stay.
Biz kalmadık.	We didn't stay.
Siz kalmadınız.	You didn't stay.
Onlar kalmadılar.	They didn't stay.

Ben gülmedim.	I didn't laugh.
Sen gülmedin.	You didn't laugh.
O gülmedi.	He didn't laugh.
Biz gülmedik.	We didn't laugh.
Siz gülmediniz.	You didn't laugh.
Onlar gülmediler.	They didn't laugh.

Ben koşmadım.	I didn't run.
Sen koşmadın.	You didn't run.
O koşmadı.	She didn't run.
Biz koşmadık.	We didn't run.
Siz koşmadınız.	You didn't run.
Onlar koşmadılar.	They didn't run.

Unit 23: Simple Past Tense Question - Geçmiş Zaman Soru Eki

mı / mi / mu / mü

Sen yıkadın mı?	Did you wash?
O yıkadı mı?	Did he wash?
Biz yıkadık mı?	Did we wash?
Siz yıkadınız mı?	Did you (formal/plural) wash?
Onlar yıkadılar mı?	Did they wash?

Ben geldim mi?	Did I come?
Sen geldin mi?	Did you come?
O geldi mi?	Did he come?
Biz geldik mi?	Did we come?
Siz geldiniz mi?	Did you come?
Onlar geldiler mi?	Did they come?

O gördü mü?	Did she see?
Biz gördük mü?	Did we see?
Siz gördünüz mü?	Did you see?
Onlar gördüler mi?	Did they see?
Ben uyudum mu?	Did I sleep?
Sen uyudun mu?	Did you sleep?
O uyudu mu?	Did she sleep?
Biz uyuduk mu?	Did we sleep?
Siz uyudunuz mu?	Did you sleep?
Onlar uyudular mı?	Did they sleep?

Unit 24: Present Continuous Tense Positive - Şimdiki Zaman -(i)yor

Sen seviyorsun.	You are loving.
O seviyor.	He/she/it is loving.
Biz seviyoruz.	We are loving.
Siz seviyorsunuz.	You (formal/plural) are loving.
Onlar seviyorlar.	They are loving.

Unit 25: Present Continuous Tense negative - Şimdiki Zaman olumsuz -mi +yor

Sen kahvaltı yapmıyorsun.	You are not having breakfast.
O kahvaltı yapmıyor.	He is not having breakfast.
Biz kahvaltı yapmıyoruz.	We are not having breakfast.
Siz kahvaltı yapmıyorsunuz.	You (formal/plural) are not having breakfast.
Onlar kahvaltı yapmıyorlar.	They are not having breakfast.

Unit 26: Present Continuous Tense question - Şimdiki Zaman sorusu -mu suffix

Sen gitar çalıyor musun?	Are you playing the guitar?
O gitar çalıyor mu?	Is he playing the guitar?
Biz gitar çalıyor muyuz?	Are we playing the guitar?
Siz gitar çalıyor musunuz?	Are you playing the guitar?
Onlar gitar çalıyorlar mı?	Are they playing the guitar?

O yemek pişirir. He/she/it cooks.

Biz yemek pişiririz. We cook.

Siz yemek pişirirsiniz. You cook.

Onlar yemek pişirirler. They cook.

Unit 28: Simple Present Tense Negative - Geniş Zamanın Olumsuzu

Sen yemek pişirmezsin. You don't cook.

O yemek pişirmez. He doesn't cook.

Biz yemek pişirmeyiz. We don't cook.

Siz yemek pişirmezsiniz. You don't cook.

Onlar yemek pişirmezler. They don't cook.

Unit 29: Simple Present Tense Question - Geniş Zamanın Sorusu

Do you?

Sen yemek pişirir misin? Do you cook?

O yemek pişirir mi? Does he cook?

Biz yemek pişirir miyiz? Do we cook?

Siz yemek pişirir misiniz? Do you cook?

Onlar yemek pişirirler mi? Do they cook?

Unit 30: Future tense positive - Gelecek Zaman olumlusu

I will

Ben koşacağım. I will run

Sen koşacaksın. You will run.

O koşacak. He will run.

Biz koşacağız. We will run.

Siz koşacaksınız. You will run.

Onlar koşacaklar. They will run.

Unit 31: Future tense negative - Gelecek Zaman olumsuzu

Gelmeyeceksin. You will not come.

O gelmeyecek. He will not come.

Biz gelmeyeceğiz. We will not come.

Siz gelmeyeceksiniz. You (formal/plural) will not come.

Unit 32: Future Tense Question - Gelecek Zaman Sorusu

Sen gidecek misin?	Will you go?
O gidecek mi?	Will he/she/it go?
Biz gidecek miyiz?	Will we go?
Siz gidecek misiniz?	Will you (plural/formal) go?
Onlar gidecekler mi?	Will they go?

Unit 33: When as a conjunction - iken- ken ulaç eki

When I was small.	Ben küçükken.
When he was eight years old.	O sekiz yaşındayken.
When the weather is sunny.	Hava güneşliyken.
When you were rich.	Sen zenginken.

Unit 34: When as a conjunction the suffix -diği(n)de

Ben	düştüğümde	(When I fell)
Sen	düştüğünde	(When you fell)
O	düştüğünde	(When he/she/it fell)
Biz	düştüğümüzde	(When we fell)
Siz	düştüğünüzde	(When you fell)
Onlar	düştüğünde	düştüklerinde (When they fell)

Unit 35: When as a conjunction the suffix -ince - ince ulacı

Sen **acıkınca** (su içersin).	When you are hungry (you drink water).
O **acıkınca** (su içer).	When he is hungry (he drinks water).
Biz **acıkınca** (su içeriz).	When we are hungry (we drink water).
Siz **acıkınca** (su içersiniz).	When you are hungry (you drink water).
Onlar **acıkınca** (su içerler).	When they are hungry (they drink water).

Unit 36: Use of Modal verb - Can (positive) - Yeterlilik ve imkan kipi
-ebilir/ -abilir eki

Sen görebilirsin.	You can see.
O görebilir.	He can see.
Biz görebiliriz.	We can see.
Siz görebilirsiniz.	You can see.
Onlar görebilirler.	They can see.

Unit 37: Use of Modal verb -Can't (negative) - Yeterlilik ve imkan kipi

-eme/ -ama or -amaz/-emez eki

Sen koşamazsın.	You can't run.
O koşamaz.	He can't run.
Biz koşamayız.	We can't run.
Siz koşamazsınız.	You can't run.
Onlar koşamazlar.	They can't run.

Unit 38: Use of Modal verb - Can I (Question) Yeterlilik ve imkan kipi -mi

Sen söyleyebilir misin?	Can you say?
O söyleyebilir mi?	Can he say?
Biz söyleyebilir miyiz?	Can we say?
Siz söyleyebilir misiniz?	Can you say?
Onlar söyleyebilirler mi?	Can they say?

Unit 39: Modal of Necessity: Must - Gereklilik kipi -meli mali - I must

Sen okumalısın.	You must read.
O okumalı.	He must read.
Biz okumalıyız.	We must read.
Siz okumalısınız.	You must read.
Onlar okumalılar.	They must read.

Unit 40: Negative Form of Modal of Necessity: Must

Gereklilik kipi -meli malı olumsuz

Bu gece dışarda kalmamalısın.	You mustn't stay outside tonight.
Bu gece dışarda kalmamalı.	He mustn't stay outside tonight.
Bu gece dışarda kalmamalıyız.	We mustn't stay outside tonight.
Bu gece dışarda kalmamalısınız.	You (formal/plural) mustn't stay outside tonight.
Bu gece dışarda kalmamalılar.	They mustn't stay outside tonight.

Unit 41: Question Form of Modal of Necessity - Must - Gereklilik kipi

-meli malı sorusu

Sen gitmeli misin?	Must you go?
O gitmeli mi?	Must he go?
Biz gitmeli miyiz?	Must we go?

Unit 42: Modal Verbs of Necessity "Need to/Have to" - Gerek/Lazım

I have to help my friend.	Arkadaşıma yardım etmem lazım.
She needs to go to Hatay.	Hatay'a gitmesi gerek.
They have to understand me.	Beni anlamaları lazım.
You need to work hard.	Sıkı çalışman gerek.
I need to tell the truth.	Doğruyu söylemem gerek.

Unit 43: Conditionals If - If clause with present simple tense (do/does): main clause with future tense (will) or main clause with present simple tense

If you pay for the dinner, I will pay for the taxi.

Eğer akşam yemeğini sen ödersen, ben taxi parasını ödeyeceğim.

If she doesn't accept the job offer, she won't go to Antalya.

O iş teklifini kabul etmezse, Antalya'ya gitmeyecek.

If we don't decide now, your mother will get angry.

Eğer şimdi karar vermezsek, annen çok sinirlenecek.

Unit 44: If clause with past perfect tense: main clause with would have.

If you had done the right things, you would have made me happy.

Eğer sen doğru şeyleri yapsaydın, beni mutlu ederdin.

If we hadn't moved, I wouldn't have met you!

Eğer taşınmasaydık, seni tanımazdım.

If she hadn't come late, we wouldn't have missed the bus!

Eğer o geç kalmasaydı, biz otobüsü kaçırmazdık.

Unit 46: Used to

Ben tenis oynardım.	I used to play tennis.
Sen tenis oynardın.	You used to play tennis.
O tenis oynardı.	He/ She used to play tennis.
Biz tenis oynardık.	We used to play tennis.
Siz tenis oynardınız.	You (plural/formal) used to play tennis.
Onlar tenis oynarlardı.	They used to play tennis.

ANSWER KEY FOR EXERCISES - CEVAP ANAHTARI

Unit 6 and 7

1) Complete this exercise with the correct personal ending.

Ben öğrenci**yim**. (I am a student)

Sen anne**sin**. (You are a mother)

O hasta. (He is ill)

Biz iyi**yiz**. (We are well)

Siz zengin**siniz**. (You are rich)

Onlar mutlu**lar**. (They are happy)

2) Complete this exercise with the correct personal ending.

Ben üzgün**düm**. (I was sad)

Sen çok yorgun**dun**. (You were very tired)

O heyecanlı**ydı**. (She was excited)

Biz aç**tık**. (We were hungry)

Siz mutlu**ydunuz**. (You were happy)

Onlar garip**ti**/garip**lerdi**. (They were strange)

3) Translate these sentences to Turkish.

The cookies were delicious.   **Kurabiyeler lezzetliydi.**

The film was very funny.   **Film çok komikti.**

This house was expensive.   **Bu ev pahalıydı.**

Unit 8

1) Find the missing word

Kedi **siyah** mı? Evet siyah.	Is the cat black? Yes, it is.
Yemek **lezzetli** mi? Evet lezzetli.	Is the food delicious? Yes, it is.
Ev **büyük** mü? Hayır ev büyük değil.	Is the house big? No, it isn't.
Sen **mutlu** musun? Evet mutluyum.	Are you happy? Yes, I am.

2) Build Sentences

zeki Ben miyim çok.	Am I very clever?	**Ben çok zeki miyim?**
mu telefon bu bozuk.	Is this phone broken?	**Bu telefon bozuk mu?**
Kadın mı çok bu çalışkan.	Is this woman very hardworking?	**Bu kadın mı çok çalışkan?**

4) Build Sentences

Otobüs büyük **mü**? Is the bus big?

Telefon son model **mi**? Is this phone the latest version?

Siz evli **misiniz**? Are you (plural/formal) married?

Unit 9/10

Complete with the verb TO BE negative present tense ('m not / isn't / aren't)

Biz arkadaş değiliz. We are not friends.

Tom, Juliet ve Sheila doktor **değiller**.	Tom, Juliet and Sheila are not doctors.
Duncan muhasebeci **değil**.	Duncan is not an accountant.
Beverly Alman **değil**.	Beverly is not German.
Benim diz üstü bilgisayarım eski **değil**.	My laptop is not old.
O sakin **değil**.	She is not calm.
Bu araba benim **değil**.	This car is not mine.
Ben tembel **değilim**.	I am not lazy.

Complete with the verb TO BE negative past tense (was not / were not)

Biz arkadaş **değildik**.	We were not friends.
Tom, Juliet ve Sheila doktor **değillerdi**.	Tom, Juliet and Sheila were not doctors.
Duncan muhasebeci **değildi**.	Duncan wasn't an accountant.
Beverly Alman **değildi**.	Beverly wasn't German.
Benim diz üstü bilgisayarım eski **değildi**.	My laptop wasn't old.
O sakin **değildi**.	She wasn't calm.
Bu araba benim **değildi**.	This car wasn't mine.
Ben tembel **değildim**.	I wasn't lazy.

Unit 11/12

1) Kemik nerde? Where is the bone?

A. Köpeğin altında.	**It's under the dog.**
B. Köpeğin yanında.	**It's next to the dog.**
C. Köpeğin üstünde.	**It's on the dog.**

2) Kedi nerde? Where is the cat?

A. Sandalyenin altında.	**It's under the chair.**
B. Sandalyenin üstünde.	**It's on top of the chair.**
C. Sandalyenin arkasında.	**It's behind the chair.**

Süt dolabın **içinde**. The milk is in the fridge.
Top koltuğun **arkasında**. The ball is behind the chair.
Anahtarlar televizyonun **yanında**. The keys are next to the TV.

Unit 13

1) Pizzanın üstünde ne var? What is on the pizza?

Pizzada mantar var mı? Evet var!
Are there mushrooms on the pizza? Yes, there are.

Pizzada mısır var mı? Evet var! Is there sweetcorn on the pizza? Yes, there is.

Pizzada peynir var mı? Evet var! Is there any cheese on the pizza? Yes, there is!

Pizzada et var mı? Hayır yok! Is there any meat on the pizza? No, there isn't!

Pizzada ton balığı var mı? Hayır yok! Is there any tuna on the pizza? No, there isn't!

Pizzada biber var mı? Evet var! Is there any pepper on the pizza? Yes, there is!

2) Write sentences

Pizzada mantar var ama et yok.
There are mushrooms but there isn't any meat on top of the pizza!

Pizzada peynir var ama ton balığı yok.
There is cheese but there isn't any tuna on top of the pizza!

Pizzada mısır ve biber var ama et ve ton balığı yok.
There is sweetcorn and pepper on top of the pizza but there isn't any meat or tuna.)

Unit 14/15

Add the correct Possessive Adjectives

1. **Benim** kalemim (My pencil)
2. **Senin** kalemin (Your pencil)
3. **Onun** kalemi (Her pencil)
4. **Bizim** kalemimiz (Our pencil)
5. **Sizin** kaleminiz (Your pencil)
6. **Onların** kalemleri (Their pencil)

2) Translate to Turkish

Big: büyük   Small: küçük   Expensive: pahalı

My house is bigger.   **Benim evim daha büyük.**
Your house is smaller.   **Senin evin daha küçük.**
His house is the biggest.   **Onun evi en büyük.**

Their house is the most expensive.   **Onların evi en pahalı.**

3) Translate the sentences into English

Benim kedim senin kedinden daha yaşlı. **My cat is older than your cat.**

Senin annen benim annemden daha genç. **Your mum is younger than my mum.**

Benim saçım senin saçından daha uzun. **My hair is longer than your hair.**

Onun odası benim odamdan daha temiz. **His room is cleaner than my room.**

4) Translate the sentences into Turkish

He likes his red jumper more than his white jumper.
O kırmızı kazağını beyaz kazağından daha çok sever.

His present is better than my present.
Onun hediyesi benim hediyemden daha iyi.

Istanbul is bigger than Hatay.
İstanbul, Hatay'dan daha büyüktür.

Hatay is smaller than Istanbul.
Hatay, İstanbul'dan daha küçüktür.

Hatay is hotter than Istanbul.
Hatay, İstanbul'dan daha sıcaktır.

Istanbul is much colder than Hatay.
İstanbul, Hatay'dan çok daha soğuktur.

Istanbul is the biggest city in Turkey.
İstanbul Türkiye'deki en büyük şehirdir.

Unit 17: Introduce yourself/ Kendinden bahset

Sevgili Mektup Arkadaşım Eda,

Merhaba, nasılsın? Umarım iyisindir. Ben çok iyiyim. Biraz kendimden bahsedeyim. Ben şimdi yirmi altı (26) yaşındayım.

Bugün Çarşamba. Yarın Perşembe ve Yirmi Dokuz Ekim. Yarın benim doğum günüm. Ben çok mutluyum. Doğum günümü Hatay'da kutlayacağım. Biliyorsun ki ben Hataylıyım. Ben şimdi evliyim. Ben iki (2) yıl önce evlendim. Hayat çok güzel. Ben şimdi öğretmenim. Okul çok harika. Öğrenciler harika. Her şey harika. Benim hobilerim dans etmek ve dil öğrenmek.

Ben kendimden bahsettim. Şimdi sen kendinden bahset.

Dear Penfriend Eda,

Hello, how are you? I hope you are well. I am very good. Let me tell you about myself. I am now 26 years old.

Today is Wednesday. Tomorrow is Thursday, 29th of October. Tomorrow is my birthday. I am very happy. I am going to celebrate my birthday in Hatay. You know that I am from Hatay. I am now married. I got married two years ago. Life is wonderful. I am now a teacher. The school is wonderful. The students are wonderful. Everything is wonderful. My hobbies are dancing and learning a language.

I talked about myself, now, you talk about yourself.

Lots of love,

Your Penfriend Seda

Unit: 18 Prepositions with and by

Fill the gaps with ile (written separately/ araba ile) or le/la (written as one word arabayla)

Mektup posta**yla** geldi.	The letter came by post.
Tom işi**yle** mutlu.	Tom is happy with his job.
Ben arkadaş**la** tiyatroya gittim.	I went to the theatre with a friend.
Bisiklet**le** mi geliyor?	Is he coming by bike?
Evden işe araba**yla** beş dakika.	From home to work is 5 minutes by car.

Translate these sentences to English.

Yağ suyla karışmaz.	**The oil doesn't mix with water.**
Benimle gel.	**Come with me.**
Uçak ile seyehat ederim.	**I travel by plane.**
Annem ve babam genelde Türkiye'ye arabayla gider.	**My parents often go to Turkey by car.**

Unit 19: Plurals lar or ler

1)Find the correct plural suffix for each word.

E.g. Pilot (pilot)-Pilotlar (pilots)

Kelebek (butterfly) - Kelebek**ler** (butterflies)

Kutu (box) - **Kutular** (boxes)

Yatak (bed) - **Yataklar** (beds)

2) Fill in the gaps with the plural suffixes -ler or -lar

E.g. Kalemler:Pencils   Kitaplar:Books

Bu sınıfta sandalye**ler** yeşil.	In this classroom the chairs are green.
Göz**lerin** çok güzel.	Your eyes are very beautiful.
Kitap**lar** çok pahalı.	The books are very expensive.
İkiz**ler** büyüyorlar.	The twins are growing up.
Arkadaş**lar**ım geliyorlar.	My friends are coming.

3)Translate these sentences to English.

Tabaklar beyaz.	**The plates are white.**
Oyuncaklar çok yumuşak.	**The toys are very soft.**
Bu çiçekler senin.	**These flowers are yours.**
Küçük kızın ayakabıları çok temiz.	**The little girl's shoes are very clean.**

Unit 20

Select an answer for each question.

1) Bu meyveleri ne zaman yıkamalıyız? When should we wash these fruits?

A) Yemeden önce: Before eating

B) Yedikten sonra: After eating

C) Yerken: When eating

2) Şemsiyeyi ne zaman açmalıyım? When should I open the umbrella?

A) Yağmurdan önce: Before the rain

B) Yağmurdan sonra: After the rain

C) Yağmur yağarken: When it is raining

3) İlacımı ne zaman içmeliyim? When should I take my medicine?

A) Hasta olmadan önce: Before becoming ill

B) Hasta olduktan sonra: After becoming ill

C) İyileştikten sonra: After recovering

Read and translate.

Okuldan önce ve okuldan sonra,

Ben okuldan önce kahvaltı yaparım. Kahvaltıdan sonra dişlerimi fırçalarım.

Annemi öptükten sonra otobüs beklerim. Okula vardıktan sonra sınıfa koşarım.

Before school/after school:

Before school, I have breakfast. After breakfast, I brush my teeth. After kissing my mum, I wait for the bus. After arriving at school, I run to the classroom. After sitting on the chair, I read my book. After school, I go home.

After dinner, I have a shower. After the shower, I go to sleep.

Unit 21/22/23

Simple Past Tense

Put the verbs into the simple past:

Geçen yıl İngiltere'ye **gittim** (gitmek).
Last year, I went to England.

Dün bir kedi **gördüm** (görmek).
Yesterday, I saw a cat.

İki gün önce ona biraz para **verdim** (vermek).
Two days ago, I gave him some money.

Geçen ay annemi **ziyaret ettim** (ziyaret etmek).
Last month, I visited my mum.

Make questions in the simple past tense.

Aramak: To phone
Did I phone you yesterday?
Dün seni **aradım mı**?

Gitmek: To go
Did you go to the cinema last night?
Dün gece sinemaya **gittin mi**?

İçmek: To eat
Did Ali drink water today?
Ali bugün **su içti mi**?

Fill in the box with the past tense positive, negative and question sentences (The first one has been done for you).

Olumlu/Positive	Olumsuz/Negative	Soru/Question
Sen kahvaltı yaptın. You had breakfast.	Sen kahvaltı yapmadın. You didn't have breakfast.	Sen kahvaltı yaptın mı? Did you have breakfast?
O ekmek aldı. He bought bread.	O ekmek **almadı**. He didn't buy bread.	O ekmek **aldı mı**? Did he buy bread?
Biz daha önce bu eve **geldik**. We came to this house earlier.	Biz daha önce bu eve gelmedik. We didn't come to this house earlier.	Biz daha önce bu eve **geldik mi**? Did we come to this house earlier?
Ben dün seni gördüm. I saw you yesterday.	Ben dün seni **görmedim**. I didn't see you yesterday.	Ben seni dün gördüm mü? Did I see you yesterday?

Unit 24/25/26 Present Continues Tense

A) Translate these sentences into Turkish.

1. **I am going to my friend's house.**   Ben arkadaşımın evine gidiyorum.
2. **Eda and Seda are helping.**   Eda ve Seda yardım ediyorlar.
3. **They are cooking rice.**   Onlar pilav pişiriyorlar.
4. **She is now staying at the hotel.**   O şu anda otelde kalıyor.
5. **He is now writing a message.**   O şimdi mesaj yazıyor.
6. **Ahmet and Rana are reading a book at home.**   Ahmet ve Rana evde kitap okuyorlar.
7. **We are having a chat.**   Biz sohbet ediyoruz.
8. **Gunesh is speaking Turkish now.**   Gunesh şimdi Türkçe konuşuyor.

B) Translate these sentences into Turkish.

We are studying German.	**Biz Almanca çalışıyoruz.**
Oya is cleaning the room now.	**Şimdi Oya odayı temizliyor.**
Is your mother drinking a glass of wine?	**Annen bir bardak şarap mı içiyor?**
The children aren't eating their fruit.	**Çocuklar meyvelerini yemiyorlar.**

C) Fill in the box with the present continuous tense positive, negative and question sentences (The first one has been done for you).

Olumlu/Positive	Olumsuz/Negative	Soru/Question
Ben müzik dinliyorum. I am listening to music.	Ben müzik dinlemiyorum. I am not listening to music.	Ben müzik dinliyor muyum? Am I listening to music?
Günay fen bilimleri okuyor. Günay is studying science.	Günay fen bilimleri **okumuyor**. Günay isn't studying science.	Günay fen bilimleri **okuyor mu?** Is Günay studying science?
Alisya ve Venüs **koşuyorlar**. Alisya and Venüs are running.	Alisya ve Venüs koşmuyorlar. Alisya and Venüs aren't running.	Alisya ve Venüs **koşuyorlar mı?** Are Alisya and Venüs running?
Babam bana **bakıyor**. My dad is looking at me.	Babam bana bakmıyor. My dad isn't looking at me.	Babam bana **bakıyor mu?** Is my dad looking at me?

Unit 27/28/29

Read and answer the questions.

Benim bir günüm;

Ben her sabah saat 7:00'de kalkarım. İlk önce duş alırım. Sonra, saat 7:30'da kahvaltı yaparım. Kahvaltıdan sonra e-mailleri kontrol ederim. Saat 8:00'de evden çıkarım. Araba ile işe giderim. Saat 9:00'da işe başlarım. Ben işe geç gitmem. Saat 12:00'de öğle yemeği yerim. Bazen salata yerim. Bazen domates soslu makarna yerim. Ama deniz ürünleri yemem. İşten saat 4:00'te ayrılırım. Saat 5:00'te arkadaşlarımla sinemaya giderim. Onlar bana her zaman pek çok soru sorarlar. Bende cevap veririm. Her akşam anneme çiçek alırım. Saat 8:00'de eve gelirim. Biraz müzik dinlerim ve uyurum.

1) Saat 7:00'de ne yaparım? (What do I do at 7 o'clock?)

a) yemek yerim (I eat)

b) şarkı söylerim(I sing)

c) kalkarım (I get up)

2) Sabah kalktıktan sonra ne yaparım? (What do I do after I get up?)

a) alışverişe giderim (I go shopping)

b) ilk önce duş alırım (First, I have a shower)

c) kitap okurum (I read)

3) Saat kaçta evden çıkarım? (At what time do I leave the house?)

4) Öğle yemeğinde ne yemem? What do I not eat at lunch?

a) deniz ürünleri (sea food)

b) makarna (pasta)

c) salata (salad)

5) Arkadaşlarım bana soru sorar mı? (Do my friends ask questions?)

a) onlar bana soru sormaz (they don't ask)

b) onlar konuşmaz (they don't speak)

c) onlar bana çok soru sorarlar (they ask me so many questions)

TRANSLATION;

Every morning I wake up at 7:00 o'clock. First, I have a shower. After that, at 7:30, I have breakfast.

After breakfast, I check the e-mails. I leave home at 8 o'clock. I go to work by car. I start work at 9 o'clock. I don't go to work late. I eat my lunch at 12 o'clock. Sometimes I eat salad. Sometimes eat pasta with tomato sauce. However, I never eat seafood. I leave work at 4 o'clock. I go to the cinema at 5 o'clock with my friends. They ask me so many questions. Every evening I get flowers for my mum. I come home at 8 o'clock. I listen to music and after that, I sleep.

Unit 30/31/32

Read the dialogue and answer the comprehension questions
(Highlighting the future tense suffix will -ecek, -acak- will help you to understand better).

Aylin: Merhaba. Hoşgeldin.

Ceylan: Merhaba. Hoşbulduk. Nasılsın? Dışarı çıkalım mı?

Aylin: İyiyim. Teşekkür ederim. Şimdi saat 12:00 ve hava çok iyi değil. Yağmur yağıyor. Dışarı çıkmak istiyorum ama sanırım bütün gün yağmur yağacak.

Ceylan: Ben umutluyum. Bence, az sonra hava güneşli olacak.

Aylin: Senin hislerine güveniyorum. Bu öğleden sonra parti olacak. Gelmek ister misin?

Ceylan: Gelmek isterim. Teşekkür ederim. Parti nerede olacak? Senin evinde mi olacak?

Aylin: Hayır, benim evimde olmayacak. Arkadaşımın evinde olacak.

Ceylan: Hediye alacak mısın?

Aylin: Hediye aldım. Bir saat içinde çikolatalı tatlı sipariş edeceğim.

Aylin: O vejeteryan. Bu yüzden et olmasın lütfen.

Ceylan: İyi ki söyledin. Etli yemekler götürmeyeceğim. Partide kim olacak?

Aylin: En iyi arkadaşımız.

Ceylan: Harika. Ona küçük bir hediye alacağım.

Aylin: Kolye mi?

Ceylan: Evet bildin. Saat kaçta gideceğiz?

Aylin: Parti saat 2:00'de başlayacak.

Ceylan: Bak, güneş parlıyor. Hadi gidelim.

Aylin: Evet, gidelim. Çok eğleneceğiz.

TRANSLATION;

Aylin: Hello, Welcome.

Ceylan: Hello. Thank you for welcoming me. How are you? Shall we go out?

Aylin: I am good. Thank you. It is 12 o'clock now and the weather is not very good. It is raining. want to go out but I think it will rain all day.

Ceylan: I am hopeful. I think the weather will be sunny a little later.

Aylin: I trust your instinct. There will be a party this afternoon. Would you like to come?

Ceylan: I'd love to come. Thank you. Where will the party be? Is it going to be at your house?

Aylin: No, it won't be at my house. It is going to be at my friend's house.

Ceylan: Will you buy a present?

Aylin: I bought the present. I will order some chocolate dessert in an hour.

Ceylan: Wonderful idea! What will I take? I know, I will bring some Mediterranean food.

Aylin: She is vegetarian, therefore, no meat, please!

Ceylan: Good job you told me. I will not take any food with meat. Who is going to be there?

Aylin: Our best friend.

Ceylan: Fantastic. I will buy her a little present.

Ceylan: Yes. You knew it! What time will we go?

Aylin: The party will start at 2 o'clock.

Ceylan: Look, the sun is shining. Let's go!

Aylin: Yes, let's go. We will have lots of fun.

Comprehension Quiz

Check your understanding with this multiple-choice comprehension quiz.

1. Saat 12:00'de hava nasıl? What is the weather like at 12 o'clock?
Hava yağmurlu: Rainy
Hava karlı: Snowy
Hava güneşli: Sunny

2. Öğleden sonra ne olacak? What will happen in the afternoon?

Toplantı: Meeting
Düğün: Wedding
Parti: Party

3. Ceylan ve Aylin partiye gidecekler mi? Will Ceylan and Aylin go to the party?
Hayır, gitmeyecekler: No, they won't go.
Evet, gidecekler: Yes, they will go.
Belki: Maybe

4. Ceylan ne hediye alacak? What present will Ceylan buy?
Elbise: Dress
Kolye: Necklace
Defter: Notebook

5. Parti saat kaçta başlayacak? At what time will the party start?
Saat birde: At 1 o'clock
Saat ikide: At 2 o'clock
Saat yedide: At 7 o'clock

Unit 33/34/35 When

Complete each sentence using the subordinating conjunction from the parenthesis:

Samandağ'a **gidince,** Beşikli Mağara'yı mutlaka ziyaret etmelisin (gitmek/ ince)

Dişlerini **fırçalayınca**, çok sağlıklı görünüyorlar (fırçalamak/ince).
When you brush your teeth, they look very healthy.

Kimyasal madde **kullanırken** dikkat etmelisin (kullanmak/ ken)
When you are using chemical products, you must be careful.

Ben **gençken**, çok para harcardım (genç/ken).
When I was young, I used to spend a lot of money.

O **geldiğinde**, ben ders çalışıyordum (gelmek/diğinde).
When he came, I was studying.

Gunay ilkokula **başladığında**, fen Bilimleri konusunda çok şey biliyordu (başlamak/ diğinde).
When Gunay started primary school, he knew a lot about science.

Unit 36/37/38

1) Ask and answer according to the example:

2. **Kelebek konuşabilir mi? Hayır konuşamaz.** Can a butterfly talk? No, it can't.
3. **Fil atlayabilir mi? Hayır atlayamaz.** Can an elephant jump? No, it can't.
4. **Fare uçabilir mi? Hayır uçamaz.** Can a mouse fly? No, it can't.

Write Sentences

2. **Kelebek konuşamaz ama uçabilir.** A butterfly can't talk but can fly.
3. **Fil atlayamaz ama yürüyebilir.** An elephant can't jump but can walk.
4. **Fare uçamaz ama saklanabilir.** A mouse can't fly but can hide.

2) Conjugating the verb yazmak

Ben yaz-amam: **yazamam**	I can't write.	
Sen yaz-amaz-sın: **yazamazsın**	You can't write.	
O yaz-amaz: **yazamaz**	He / She can't write.	
Biz yaz-ama-y-ız: **yazamayız**	We can't write.	
Siz yaz-amaz-sınız: **yazamazsınız**	You can't write.	
Onlar yaz-amaz-lar: **yazamazlar**	They can't write.	

3) Translate the sentences into Turkish

I can't sing: **Ben şarkı söyleyemem.**
You can't play tennis: **Sen tenis oynayamazsın.**
She can't hear you: **O seni duyamaz**

Unit 39/40/41 Must

Translate the sentences below into Turkish.

10 saattir çalışıyorum. Dinlenmeliyim.

I have been working for ten hours. I must rest.

Yağmur yağıyor. Şemsiyeni almalısın.

It is raining. You must take your umbrella.

Hasta oldu. İlaç almalı.

She is ill. She must take the medicine.

Musa bugün hiçbir şey yemedi. Aç olmalı.

Musa didn't eat anything today. He must be hungry.

Onlar doktor olmak istiyorlar. Çok sıkı ders çalışmalılar.

They want to be doctors. They must study hard.

Annem çağırıyor. Gitmeliyim.

My mother is calling me. I must go.

O beş dil konuşabilir. Bu harika olmalı.

She can speak five languages. That must be amazing.

Find the matching sentence by drawing an arrow

Hasta oldu.------------- > İlaç almalı.

Yağmur yağıyor. ------- > Şemsiyeni almalısın.

Musa bugün hiçbir şey yemedi. ---- > Aç olmalı.

Ben 10 sattir çalışıyorum. ----------------> Dinlenmeliyim.

Onlar doktor olmak istiyorlar. ----------> Çok sıkı ders çalışmalılar.

Complete the missing positive, negative and question sentences.

Olumlu/Positive	Olumsuz/Negative	Soru/Question
Dinlenmeliyim.	**Dinlenmemeliyim.**	Dinlenmeli miyim?
Şemsiyeni **almalısın.**	Şemsiyeni almamalısın.	Şemsiyeni almalı mısın.
İlaç almalı.	İlaç almamalı.	İlaç almalı mı?
Aç olmalı.	Aç olmamalı.	**Aç olmalı mı**?
Ders çalışmalılar.	Ders çalışmamalılar.	Ders çalışmalılar mı?

Unit 43/44/45

Translate the sentences below into Turkish.

If you push this button, the machine works.
Eğer bu düğmeye basarsan makine çalışır.

If he touches the oil, his hands will get greasy.
Eğer o yağa dokunursa, elleri yağlanacak.

If I go early, I can catch the bus.
Eğer erken gidersem, otobüsü yakalayabilirim.

If you study hard, you won't fail.
Eğer çok çalışırsan, başarısız olmayacaksın.

If I must go home, I will.
Eğer eve gitmeliysem, gideceğim.

If I were you, I would apply for every job.
Eğer yerinde olsam her işe başvururum/ başvururdum.

If I were you, I would cook the meal.
Eğer yerinde olsam yemeği pişiririm/ yemeği pişirirdim.

If I knew his telephone number, I would have called him.
Eğer onun telefon numarasını bilseydim, onu arardım.

Choose the correct option to complete the sentences.

Eğer yerinde **olsaydım**, doktor olurdum (olmak/ben).
If I were you, I would be a doctor
- **olsaydım**   • olurum   • oldum

Eğer geç **gidersem**, partiyi kaçıracağım (gitmek/ben).
If I go late, I will miss the party
- **gidersem**   • gitmezsem   • gitmeliyim

Eğer eve **gitmeliysen**, şimdi git (gitmek/sen).
If you must go home, go now.
- **gitmeliysen**   • gitti   • gitmedi

Eğer onun adresini **bulsaydı**, onunla buluşurdu (bulmak/O).
If he had found her address, he would have met her.
- bulsaydım   • **bulsaydı**   • bulsaydık

Unit 46

Translate the sentences into English

Ben çocukken, her Ağustos yazlık eve giderdik.
When I was a child, we used to go to the summer house every August.

Eskiden o futbol takımında oynardı.
A long time ago, he used to play for a football team.

O küçükken daha çok sebze yerdi.
She used to eat more vegetables when she was little.

Üniversite hayatından önce, onlar aynı evde yaşarlardı.
Before University life, they used to live in the same house.

Choose the correct option to complete the sentences.

O çiçekleri çok **severdi** ama şimdi hiç sevmiyor (sevmek/O)
She used to like flowers but now she doesn't like them at all.
- **severdi**   • sevmezdi   • sevmez

Ben hep etek **giyerdim** ama şimdi giymiyorum (giymek/ben).
I used to wear skirts but now I don't wear them anymore.
- giyerdi   • giyerdik   • **giyerdim**

Sen çok **konuşurdun** ama şimdi çok sessizsin (konuşmak/sen)
You used to talk a lot but you are very quiet now.
- konuşmak   • **konuşurdun**   • konuşurduk